# 哈军工历史百问

王春晖　于云亮◎编著



哈爾濱工程大學出版社
Harbin Engineering University Press

## 内容简介

铭记历史是为了赓续红色血脉，开创美好未来。本书按照“受命·运筹”“成立·办学”“发展·贡献”“分建·奠基”“纪念·褒奖”五个部分，通过问答的方式系统梳理哈军工办学历程中的重要事件、重要人物及哈军工的历史贡献等。

希望通过这本书，让更多人走近、了解哈军工，让更多人关心、支持哈军工，让哈军工的优良传统和红色精神在新的历史时期得到继承和发展。

**图书在版编目（CIP）数据**

哈军工历史百问 / 王春晖，于云亮编著. -- 哈尔滨：哈尔滨工程大学出版社，2023.11
ISBN 978-7-5661-3981-8

Ⅰ. ①哈… Ⅱ. ①王… ②于… Ⅲ. ①哈尔滨工程大学—校史 Ⅳ. ①G649.283.51

中国国家版本馆CIP数据核字（2023）第202633号

**哈军工历史百问**
HAJUNGONG LISHI BAIWEN

**选题策划** 张林峰
**责任编辑** 刘凯元
**封面设计** 李海波

**出版发行** 哈尔滨工程大学出版社
**社　　址** 哈尔滨市南岗区南通大街145号
**邮政编码** 150001
**发行电话** 0451-82519328
**传　　真** 0451-82519699
**经　　销** 新华书店
**印　　刷** 哈尔滨午阳印刷有限公司
**开　　本** 787 mm×1092 mm 1/16
**印　　张** 17.25
**字　　数** 249千字
**版　　次** 2023年11月第1版
**印　　次** 2023年11月第1次印刷
**书　　号** ISBN 978-7-5661-3981-8
**定　　价** 82.00元

http://www.hrbeupress.com
E-mail:heupress@hrbeu.edu.cn

# 前　言

金秋九月，时值哈尔滨工程大学建校70周年之际，习近平总书记到哈尔滨工程大学视察，第一站便来到了哈军工纪念馆。在这里，习近平总书记认真聆听讲解，驻足细看展板史料，并做出“要发扬哈军工优良传统”的重要指示。这是继2009年之后，习近平总书记第二次来到军工大院。这也是继2013年之后，习近平总书记再次对哈军工传统给予肯定和褒奖。

在我工作的军工大院，在哈尔滨工程大学这片红色的沃土上，作为哈军工传人的每一位工程大学人都始终珍视哈军工荣誉，把忠诚刻进基因、融入血脉、化作行动，今后更将牢记嘱托、接续奋斗。这是使命，更是责任。

哈军工纪念馆筹建工作结束后，曾经和我一起战斗了800多个日日夜夜的王守昌（我们都习惯称呼他为王书记）提出一个建议：编写一本《哈军工历史百问》，以一问一答的形式，让更多的人了解哈军工的历史。后因工作关系，此建议在我这里没有得到落实。王书记利用退休时间，夙兴夜寐地整理了150个问题，近3万字，被印刷成画册发放。今年，在主编《我们的哈军工父辈》一书的过程中，我和王书记会面时，再次提及《哈军工历史百问》成书问题，在感慨王书记笔耕不辍的同时，下决心把王书记这个好的想法变成现实。

借用王书记好的创意，我开始按照“受命·运筹”“成立·办学”“发展·贡献”“分建·奠基”“纪念·褒奖”五个部分，系统梳理哈军工办学历程中的重要事件、重要人物及哈军工的历史贡献等，翻阅史料、凝练问题、撰写答案、适配图片。在这个过程中，对哈军工充满感情的于云亮加入。在他的协助下，我们仅用了3个月的时间就完成了这部20余万字的书稿。

成书的过程中，我们有幸再次与滕叙兖老师、吴新明老师、杨昂岳老师在他们的著作和文章当中相遇，品读哈军工历史，体悟他们对哈军工的深厚情感。此外，在从事哈军工历史文化研究的过程中，我们还得到了尚毅老师的大力支持。吴新明、杨昂岳两位老师多次为本书史实进行审核，提出了诸多宝贵的意见和建议。在这些前辈身上，我们总是能汲取到前行的力量。对哈军工前辈们的感恩一直在心，不曾改变。

22年前，我第一次走进这所大学，就被青檐碧瓦的大楼所震撼。22年里，“以祖国需要为第一需要”这种真挚的情感已经物化为我身边的点滴，浸润感染着我。希望通过这本书，让更多人走近、了解哈军工，让更多人关心、支持哈军工，让哈军工的优良传统和红色精神在新的历史时期得到继承和发展。

一种崇高的精神必然孕育一幅最壮美的画卷。牢记总书记重要嘱托，我们会一直在传承好哈军工优良传统的道路上坚定前行……

王春晖

2023年9月

# 目 录

## 第一篇 受命·运筹

## 第二篇 成立·办学

## 第三篇 发展·贡献

## 第四篇　分建·奠基

## 第五篇 纪念·褒奖

# 第一篇　受命·运筹

# 1

## 党中央决定建设哈军工的国际国内背景如何?

1950年6月25日，朝鲜战争爆发。6月27日，美国正式参战。9月15日，以美军为首的“联合国军”在仁川登陆作战，开始大举北犯，后以飞机侵犯我国东北领空，将朝鲜战争的战火烧到了鸭绿江边，轰炸扫射我国边境城镇。与此同时，美国公然干涉我国内政，并派军进入台湾海峡。在这严峻的时刻，中共中央毅然做出“抗美援朝、保家卫国”的战略决策，中国人民志愿军（简称志愿军）赴朝作战。

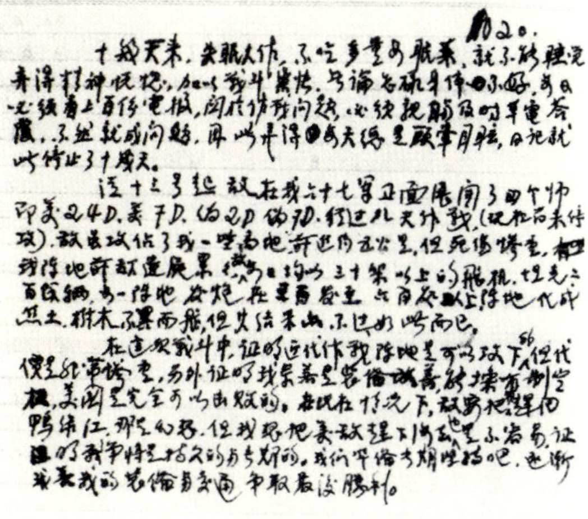

陈赓在朝鲜战场的日记

当时的战争形势是非常严峻的，从曾任中国人民志愿军第三兵团司令员兼政委、中国人民志愿军副司令员的陈赓的日记中不难看出，当时，志愿军和美军的武器装备差距悬殊，差距之大在世界战争史上也是罕见的。最后，虽然正义的一方获得了胜利，但志愿军却为此付出了惨重的代价。武器装备的落后，增加了志愿军官兵在朝鲜战场上的伤亡：技术的落后，在一定程度削弱了志愿军的战斗力。这些都深深牵动着我国高层领导的心，也坚定了加速发展我国军事技术及现代化武器装备的决心。

经过周密的调研与论证，时任解放军代总参谋长聂荣臻和副总参谋长粟裕向中央革命军事委员会（简称中革军委）呈送了《关于成立军事工程学院的报告》。该报告对学院成立的必要性、迫切性作了详细的阐述，并提出了一个建院方案：在军事技术力量缺乏、各军兵种不可能同时开办各自的高等工程技术学院的情况下，军事工程学院应是在中革军委直接领导下的一所综合性的高等技术学校。

# 2

# 《关于成立军事工程学院的报告》的内容是什么?

1952年，中革军委正式决定创办一所军事工程学院。建设这所高级军事工程学院的重要性、迫切性及办学的其他事宜均在《关于成立军事工程学院的报告》里进行了阐述。该报告的全文如下：

两年多以来，我军各特种部队发展甚快，成绩亦大，其装备正日益增加和复杂。唯在技术上面远落后于部队的发展和不能满足部队的要求，以致屡次造成不应有的损毁。

以空军来说，不仅在夜间及恶劣气候不能起飞应敌，且因操纵不良致空中停车或编队互撞等原因而发生事故者甚多，重则机毁人亡，轻则飞机报废不能修复。

舰艇、战车及各种炮火和工兵机械等机件发生故障后，不能及时修复而影响战斗，甚至根本不能修理。

虽然某些较复杂的修理技术有苏联专家热情帮助，但长此以往则势必影响特种兵部队的建设和质量的提高。且各特种兵武器的供应，不宜长期依赖苏联的帮助，必须从建设国防工业、培养自己的技术人才上着手，求得逐渐能够自己修理与装配，以至于将来培养起军事工业设计工程人才。

为此，曾经两次和副总顾问柯托夫同志研究，咸认为有即着手建立军事工程学院（在人力、财力、物力上较各特种兵自办技术学校更经济）藉以培养军事工程技术干部之必要。前曾面报周副主席，并蒙原则上同意。

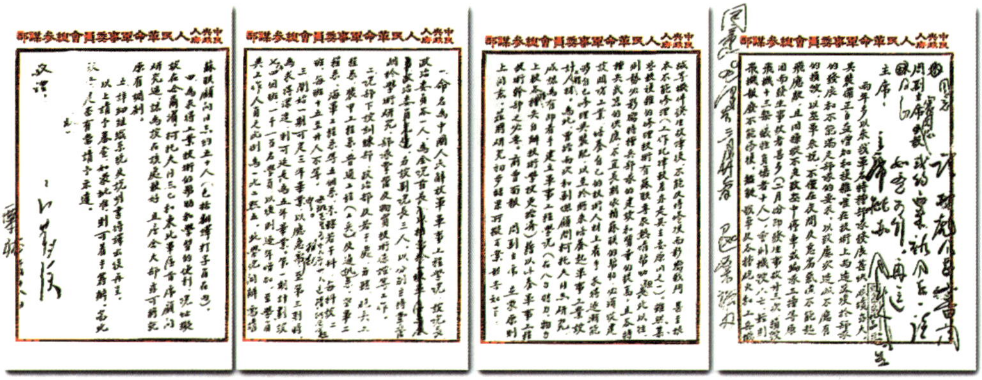

《关于成立军事工程学院的报告》

兹将研究初步结果所拟方案报告如下：

一、命名为中国人民解放军军事工程学院，设院长、政治委员各一人，为全院首长（以相当于一级军区司令员、政治委员充任），另设副院长三人，以分别主持掌管关于学术研究、部队掌管及物资技术保证等工作。

二、院部下设训练部、政治部及若干处，另辖：炮兵工程系、装甲工程系、普通工程(工兵及通讯)系、空军工程系、海军工程系等五个系，系辖若干科，每科设二三班，每班十五至二十人不等。

三、开始一期可定三年毕业，以应急需，至第三期时，为求得深造，则可延长为五年毕业。第一期计划设七十四个班，一千一百名学员，以后则逐年增加。至学员与工作人员之比例为一比二点五。此学院开办，需请苏联顾问同志约五十人（包括翻译、打字员在内）。

四、为求得工业技术的帮助和学习的便利，院址拟设在哈尔滨。柯托夫同志已和东北军区首席顾问研究过，认为设在该处较好，且房舍大部亦可将就原有调剂。

五、详细组织系统及说明书待译出后再呈。

以上请予审查，如蒙批准，则可着手筹办。专此报告，是否有当，请予示遵。

致以

敬礼！

聂荣臻　粟裕

三月十八日

# 3

## 建设哈军工为什么要聘请苏联顾问？

新中国成立初期，完全依靠自己的力量快速建起一所综合性高等军事技术学府是非常困难的。聘请苏联顾问是创办哈军工的重要条件之一。1952年6月2日，周恩来同志给苏联部长会议副主席兼苏联国防部部长布尔加宁写信，希望为哈军工派出顾问团。从1953年到1960年，来哈军工工作的苏联顾问累计141名。他们参与、指导了哈军工从学院选址到专业设定的全过程。

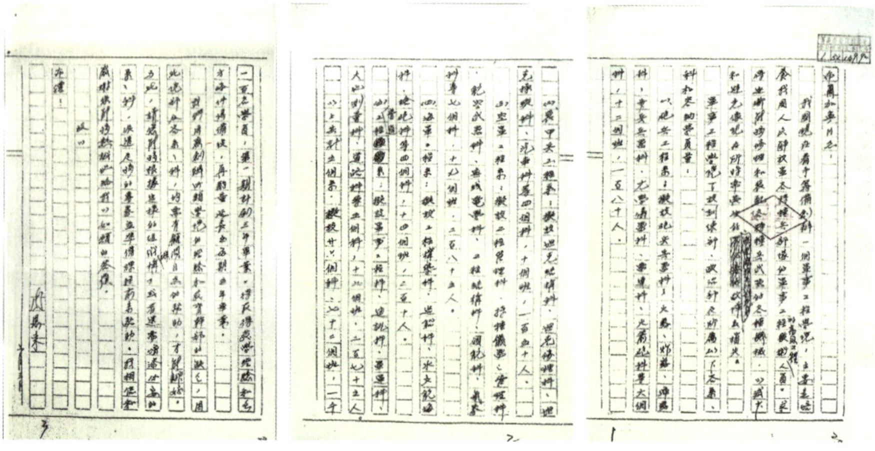

《关于军事工程学院聘请苏联顾问的函》

我党我军办军事指挥院校既有历史又有经验，但办高等军事技术院校则既无历史亦无经验。苏联顾问团雪中送炭，填补了这一空白。这些苏联顾问在提供教学、科研指导，帮助学院解决学科专业方面的基础技术准备及师资力量的组织培训等问题的同时，也在学院专业设置、课程体系、教学方法、引进专业课教材、科研管理等各个方面提供了系统的培训和咨询。通过顾问们的支援，哈军工得以在短时间内搭建起较为完整的教学科研体系框架，培养了一批教学科研骨干，并积累了宝贵的办学管理经验。

哈军工之所以能够从创建之初就站在当代国防高科技前沿，建院不久就取得了举世瞩目的辉煌成就，除了以毛泽东同志为首的党中央和中央军委的英明决策、周恩来同志的有力组织协调和陈赓院长兼政委的正确领导外，与以奥列霍夫为首席的苏联顾问团的工作和贡献也是分不开的。可以说，没有苏联顾问团的大力帮助，初建的哈军工很难在短时间内快速成长。

# 4

## 苏联顾问在哈军工办学中提出的重要建议涵盖哪些方面？

苏联顾问对哈军工办学方向、教学管理、专业设置、教学工作等重要方面提出了诸多建议，对哈军工的发展发挥了重要借鉴和指导作用。

第一，办学方向方面。哈军工首席顾问奥列霍夫在指导制订学院培养人才方案、制定学员政治教育和素质培养的要求时还同时指出："要把马列主义理论和毛泽东思想作为学院毕业生的世界观和政治信仰的基础。"他还提出："学院的基本任务，一是使学院成为培养军事工程干部的教学中心，二是使学院成为军事科学技术研究中心。""两个中心"的提出明确了学院的办学方向，符合教学和人才培养规律，对哈军工的建设发展发挥了重要指导作用并具有深远影响。

第二，教学管理方面。苏联顾问以苏联军事工程技术院校的教学管理规范为依据，草拟了《军事工程学院教学过程组织基本条例（草案）》。该条例对学院的各种教学方式和各教学环节的目的、要求、任务、做法、考核，以及对各科教员的分工、职责和对学员的日常考试、考核及毕业考试、毕业设计等要求都做出了明确的规定，高度浓缩了苏联各军兵种军事工程学院的办学经验，也成为哈军工办学初期教学组织和教学工作展开的基本规章。

第三，专业设置和教学工作方面。哈军工各系所开设的专业，在前期的教学上得到了苏联顾问的全面帮助指导，如哈军工空军工程系专业设置建议便是奥列霍夫参照苏联莫斯科茹科夫斯基空军工程学院和列宁格勒空军工程学院的专业设置标准提出的。此外，在教学内容形式、引进专业课教材、授课环节等方面，也是通过“专家教教员，教员教学员”的模式实施的。

此外，苏联顾问团对哈军工的正规化建设也提供了指导和建议。

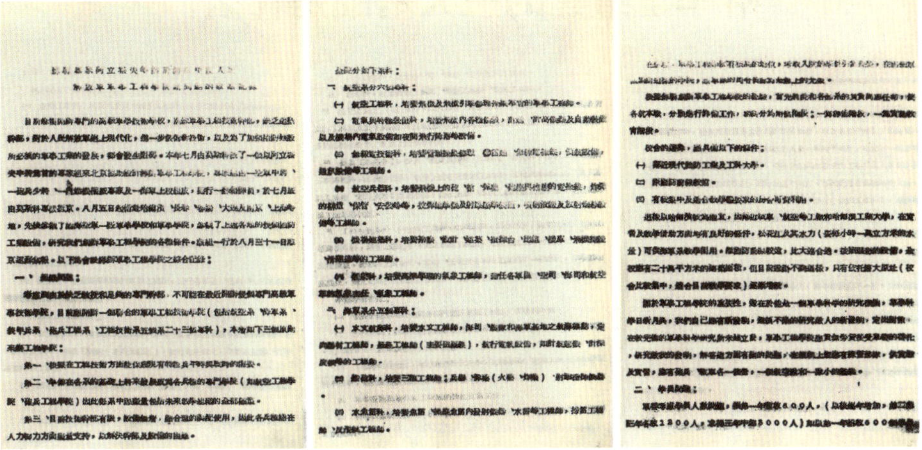

奥列霍夫等关于筹办学院诸问题的谈话记录

# 5

## 哈军工组建的三大基础是什么？

1952年，中革军委决定以西南军区第二高级步兵学校、华东军区司令部军事科学研究室和中国人民志愿军第三兵团的部分干部为基础，筹建军事工程学院，此即哈军工组建的三大基础。

西南军区第二高级步兵学校前身是以刘伯承同志为校长兼政治委员的中国人民解放军第二野战军军事政治大学和西南军区军事政治大学，其干部配备比较整齐，作风过硬，而且文化程度比较高，不少中层以上干部从

中国人民志愿军第三兵团的干部获得的中朝纪念章

事学校工作、培养知识分子的时间比较久，具有一定的教学基础。西南军区第二高级步兵学校全建制并入哈军工，涉及排级以上干部1 400人，战士1 600人。

华东军区司令部军事科学研究室是新中国最早成立的军事科学研究机构，是中国人民解放军在文化比较发达的华东地区搜罗、储备、使用高科技人才的基地。研究室的领导重视科技，尊重科技人才，致力于提高部队的现代化水平。其作为华东军区的“人才库”和“智囊团”，也是哈军工组建的“聚宝盆”，为哈军工组建注入了一支有力的强心剂。华东军区司令部军事科学研究室全建制并入哈军工，涉及13名高级知识分子和20多位高级技工。

中国人民志愿军第三兵团（辖第十二军、第十五军、第六十军）是陈赓大将亲手组建和直接指挥的部队之一，陈赓对这支部队各级领导干部的才能和品质了如指掌，其也是组建哈军工的中坚力量。中国人民志愿军第三兵团调入哈军工25名干部，担任中高层领导职务。

# 6

## 哈军工首任院长兼政委是由谁任命的?

1952年7月8日，中革军委主席毛泽东签发命令，任命陈赓为中国人民解放军军事工程学院首任院长兼政委。

毛泽东同志于1949年底至1950年初访问苏联时，曾与斯大林谈到过办军事工程技术学校、培养军事工程技术干部的问题。抗美援朝战争爆发之后，在中国人民志愿军以劣势装备同世界上装备最精良的侵略军进行生死较量之时，中共中央和中革军委就把筹办军事工程技术学院提上了议事日程，以求迅速解决我军技术落后的问题。毛泽东同志对此高度重视，并于1952年3月26日批示同意《关于成立军事工程学院的报告》。

调谁来创办军事工程学院呢？中央领导经过反复权衡，毛泽东同志亲自点将，决定从朝鲜前线调回中国人民志愿军第二副司令员陈赓（时任代司令员），委以创办军事工程学院的重任。1952年6月23日，毛泽东、周恩来、朱德、彭德怀在中南海召见陈赓。听完陈赓的汇报后，毛泽东同志说："我们要建立一所高等军事技术院校，培养技术军官。这次调你回来，就是要你来当这个院长兼政委。"陈赓没有丝毫思想准备，连忙站起来说："不行不行，我是行伍出身，办学与打仗隔行，我恐怕办不好。"毛泽东同志说："你办不好，谁能办好？有困难找总理给你解决，还有苏联顾问的帮助，凭你陈赓的才智和干劲，一定能干好。"

实践证明，此举是以毛泽东同志为核心的党的第一代中央领导集体果断而有远见的正确决策。哈军工在陈赓大将的带领下，为我国高等军事工程教育事业做出了重大贡献，为中国高等军事技术教育体系的形成起到了奠基性的作用，是中国高等军事技术教育的一个重要里程碑，对后来我国高等军事技术教育的格局产生了深远影响。

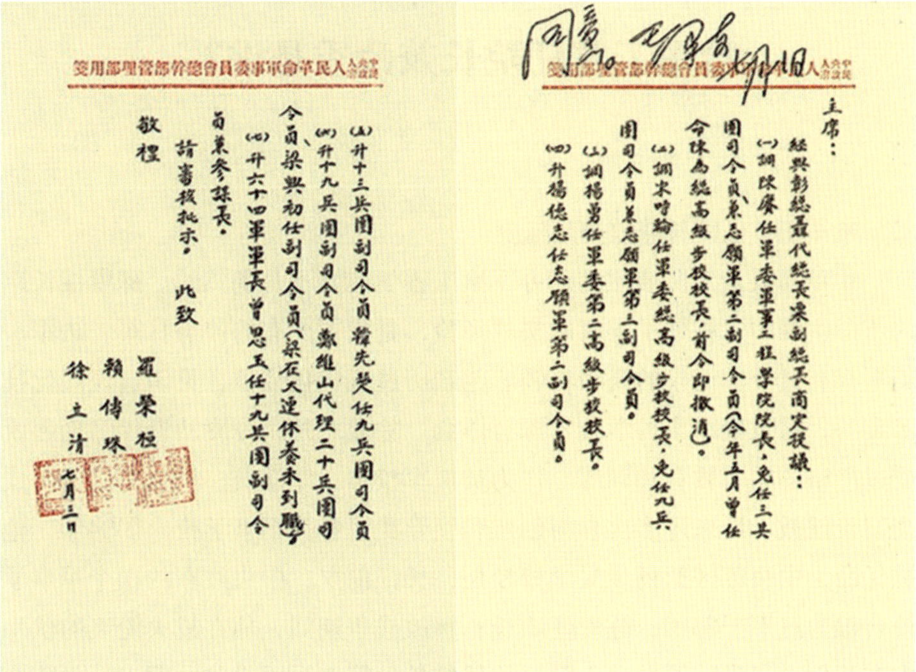

同意。毛泽东

人民革命軍事委員會總幹部部管理部用箋

主席：

經與彭總聶代總長粟副總長商定擬：

(一)調陳賡任軍委軍事工程學院院長，免任三兵團司令員、兼志願軍第二副司令員(今年五月曾任命陳爲總高級步校校長，前令即撤消)。

(二)調宋時輪任軍委總高級步校校長，免任九兵團司令員兼志願軍第三副司令員。

(三)調楊勇任軍委第二高級步校校長。

(四)升楊德志任志願軍第二副司令員。

人民革命軍事委員會總幹部部管理部用箋

(五)升十三兵團副司令員韓先楚任九兵團司令員

(六)升十九兵團副司令員鄭維山代理二十兵團司令員、梁興初任副司令員(梁在天津休養未到職)

(七)升六十四軍軍長曾思玉任十九兵團副司令員兼參謀長。

請審核批示。此致

敬禮

羅榮桓

賴傳珠

徐立清

七月三日

陈赓的任命令

# 7

## 哈军工首任院长兼政委是谁?

哈军工首任院长兼政委是陈赓。

中革军委选定陈赓主持创办军事工程学院并不是偶然的。陈赓在长期的革命生涯中，积累了丰富的实战经验，是我军少有的曾与日军、法军、美军都有过交手记录的高级将领。他亲历过现代化战争，见识过现代化技术装备，对发展军事科学技术深有体会。除此之外，陈赓从青年时期起就受过严格的军事教育和训练，作为黄埔军校第一期学员，毕业后以优异成绩留校任教，后来还多次参与创建和领导我军各类军事学校。1934年，他被任命为中央苏区彭杨步兵学校校长；长征前夕，中央红军的四个军事学校合编为红军干部团，陈赓任团长；解放战争期间，他在战火纷飞的伏牛山东麓创办了豫陕鄂军政大学，兼任校长；第四兵团进驻昆明以后，陈赓又创办了云南军区初级步兵学校。这些教育实践经历都为其创办“哈军工”打下了坚实的基础。

陈赓大将也不负期望，接到任命后，不顾刚从朝鲜战场归来的一路风尘，立刻奔走于全国各地，为学校收罗了大量军事工程技术相关领域的师资人才。1955年9月27日，解放军副总参谋长、哈军工院长兼政委陈赓被授予大将军衔。1961年3月16日，陈赓院长因突发心脏病，不幸在上海逝世，享年58岁。2006年，哈尔滨工程大学在原海军工程系大楼（31号楼）前为陈赓院长塑了高5米的全身铜像。如今，那些跋涉的艰辛已成过往，但陈赓大将当年所提出的办学理念和他身上所体现出来的军人作风仍深深影响着每一位哈军工的后继者。

在朝鲜战场上指挥作战的陈赓

# 8

## 哈军工筹备委员会于何时何地成立？

1952年8月22日，中革军委批准成立军事工程学院筹备委员会（简称筹委会）。筹委会主任委员为陈赓，副主任委员为徐立行、张述祖、李懋之，委员有张衍、胡翔九、黄景文、任新民、沈正功、赵子立。筹委会于1952年9月1日在北京恭俭胡同1号（后改为59号）开始办公。

筹委会办公地点

1952年9月3日，在筹委会第一次全体会议上，陈赓强调了学院所肩负的培养我军急需的军事技术工程师的重要任务，提出筹备工作争取3个月内在北京基本完成，11月底结束，12月初迁到哈尔滨办公。陈赓还确定了边建、边教、边学的“三边并举”建校方针。筹委会在北京紧张工作了3个月，大政方针确定，局面初步打开，重大问题解决，各方渠道开通，筹备机构按计划准时撤销，工作重点北移，院、部、系领导干部和筹委会全体工作人员于1952年11月底分批抵达哈尔滨。

筹委会在组建哈军工过程中起到了重要作用，它为学院的办学条件和资源提供保障，积极争取各方支持，为哈军工收罗人才，并在学院师资力量匮乏、办学经验不足的困难时期解决了学院迅速发展面临的种种难题，为哈军工快速崛起奠定了坚实的基础。

# 9

## 筹建哈军工的联席会议的主要内容有哪些?

在新中国刚刚成立、百废待兴之际，要在短时间内建成一所高水平军事技术院校，任务之艰巨可想而知。为了尽快打开局面，获得各方支持，应陈赓请求，1952年9月5日，政务院召开联席会议，专门讨论学院的筹建问题。周恩来、陈毅、薄一波、安子文、钱俊瑞、陈正人、军委苏联总顾问波特鲁塞夫斯基，以及军委四总部主要负责人和空、海、炮、装、工各军兵种司令员等数十位党政军领导人同室而坐，为办学献计献策。

联席会议上，周恩来同志讲述了党中央、毛泽东同志决定创办军事工程学院的战略意义，要求国家各部委、各军兵种尽最大力量支持陈赓尽快办好军事工程学院，并明确指出：军事工程学院直属中央军委领导，是与军事学院、政治学院并列的我军三大学院之一。要求陈赓抓紧时间，开展建院工作。

陈赓汇报了筹备工作的进展和需要解决的问题，提出建设军事工程学院不能按部就班、四平八稳，而要边建、边教、边学，打破常规，快速上马，需要国家各部委、各军兵种帮助解决的难题很多，并向大家一一抱拳致礼道：“兄弟才疏学浅，领受了这个史无前例的任务，寝食难安，祈求各位军政首长，大力扶持兄弟一把……”陈毅最先声援，提出“建立军事工程学院是中央的英明决策”，并建议“今后，我们的子女高中毕业了，要带头报考军工，这样就会影响社会，使青年学生们也跟着报考军工，让全社会都知道建设现代化国防的重大意义。”与会的各部委负责人及各兵种司令员也都纷纷表态，愿意倾力相助。

油画《运筹》

# 10

## 1953年7月13日的中革军委例会上，陈赓院长提出筹办哈军工需要解决的问题有哪些？

1953年7月13日，遵照毛泽东同志的指示，中革军委召开例会，黄克诚主持，政务院的人事部、高教部和建工部部长都参加了会议，专题讨论解决哈军工建设中出现的问题。会上，陈赓院长在简要汇报了建院进展情况和所遇到的困难以后，提出以下需要解决的问题。

1. 教员问题。按编制基础部需要教员877人，各系共需教员1 640人。9月1日开学前急需再调教授50人，现任助教100人，大学毕业生300人。拟请哈尔滨工业大学当年毕业的研究生全部调配给哈军工。

2. 学员问题。第1期学员完全是从部队抽调的高中毕业生或大学肄业生，在部队任秘书、参谋、干事，由组织选送上来。第2期学员拟招800人，如完全从部队选调有困难，可招部分地方高中毕业生。哈军工是陆海空军综合学院，顾问要求各系干部学员均着军兵种服装，生活标准拟高一些。

3. 干部问题。按编制尚缺40%的干部，需要调一些军兵种专家充当专科和教授会主任，还得调一批翻译人员。

4. 编制问题。顾问团坚持一长制，设3个副院长，分管教育、行政、政治，不设教育长和政治部主任，部系专科不设政治委员。

5. 建筑问题。1954年要建成5座教学大楼共20万平方米，加上各种配套设施，共需要投资5 000亿（旧人民币），计划于1955年全部建成。

6. 拟再聘顾问60人。按现编制学院共有23个专科、86个教授会，都需要有顾问。

7. 学制问题。全部用苏联教材，顾问意见是5年10个月学完，我们需要早出人才，拟减少课程，按4年制安排，是否可行？

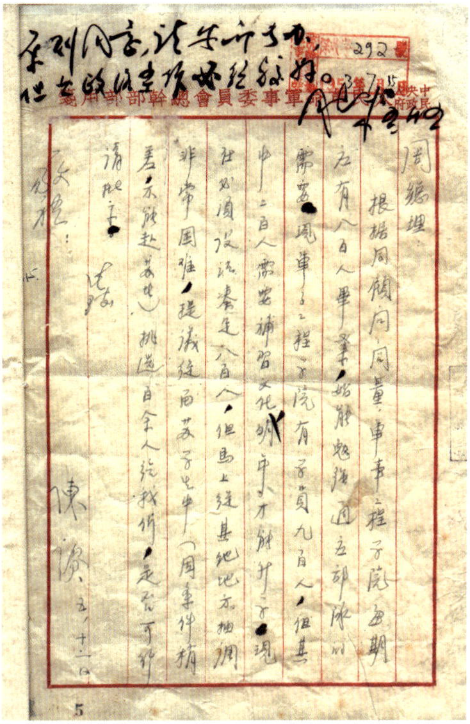

周恩来同志对哈军工请调留苏预备生报告的批示

8. 教学需要的武器、装备、器材，顾问要求样样都有，去年冬天已确定原则，现有即给，现无代订购，凡进口两件必给哈军工一件。希望总军械部和各军兵种能予支持。

9. 今年9月1日开学，亦即学院正式成立，顾问要求开学典礼隆重一些，请总参通知有关首长届时参加。

主持会议的黄克诚传达了毛泽东同志的指示：陈赓提出的问题都应给予解决。然后黄克诚说："我们的国防现代化建设走了关键的两步棋，一是南京的军事学院，培养战略战术指挥干部；二是哈尔滨的军事工程学院，培养掌握现代化武器装备的工程技术干部。"

# 11

## 哈军工临时党委何时成立，由几人组成？

哈军工临时党委于1952年9月16日获得中革军委总政治部批准成立。这一决定充分体现了党对军事工程学院筹备工作的高度重视，也是对学院未来发展的有力保障。根据文件原文，中革军委总政治部同意军事工程学院筹委会成立临时党委，并由陈赓、徐立行、李懋之、张衍、胡翔九、黄景文六位同志担任委员，同时由陈赓担任书记一职。六位委员中，陈赓、李懋之、黄景文来自中国人民志愿军第三兵团，徐立行、张衍来自西南军区第二高级步兵学校，胡翔九来自华东军区司令部军事科学研究室。

这一决定充分展示了党对军事工程学院筹备工作的坚定支持和信任。成立临时党委将进一步加强学院的政治引领和组织建设，确保学院各项工作的顺利进行。

临时党委成立后，首次党委会讨论并通过的文件是《关于执行教育任务中几个主要问题的决定》。文件对哈军工的培养目标、中心任务、学习苏联、知识分子工作、干部工作、党的建设、工作作风7个方面作了原则规定，是哈军工早期最重要的纲领性文件。

文件规定了哈军工的培养目标首先是“对党高度忠诚”“有高度的组织性、纪律性”“工作积极、英勇顽强”，然后才是“精通技术”。政治上好，技术上好，“又红又专”才是合格人才。同时学院非常重视对学员军事素养的培养，从学员入学开始就对其进行严格的军事训练，还结合专业进行诸兵种协同作战的战术教育，培养学员坚韧不拔、百折不挠的毅力和意志。

学院首次党委会明确指出对知识分子的基本方针是：大胆使用、加强教育、发挥其长、克服其短，从教育提高着眼，达到巩固团结的目的。

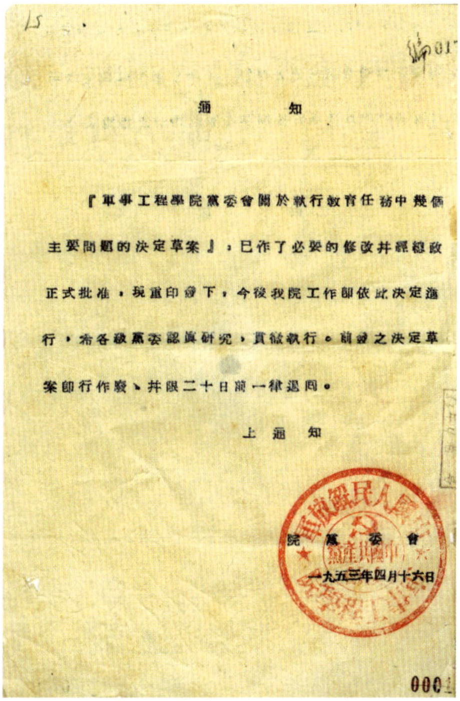

通　知

『軍事工程學院黨委會關於執行教育任務中幾個主要問題的決定草案』，已作了必要的修改并經總政正式批准，現重印發下，今後我院工作部依此決定進行，希各級黨委認眞研究，貫徹執行。前發之決定草案即行作廢，并限二十日前一律退回。

上通知

院黨委會

一九五三年四月十六日

下发的《关于执行教育任务中几个主要问题的决定》的通知

# 12

## 哈军工筹建中面临的“四无”是什么？坚持的“三边”建院方针是什么？

哈军工初建时，新中国百废待兴，抗美援朝战争正在进行，要在一年内建成一所高水平的综合军事技术院校，面临着一无师资、二无校舍、三无教材设备、四无办学经验（“四无”）等诸多困难。为此，以陈赓为首的临时党委提出“边建、边教、边学”的“三边”建院方针。

1952年6月25日，陈赓对李懋之说：“我决定用边建、边教、边学的办法，就是说，建校舍、请教授、招生开课同步进行，尽快上马，要先调一批教授，学员也立即从各大军区选调。军委已决定以西南军区第二高级步兵学校、华东军区司令部军事科学研究室和志愿军第三兵团部分干部为基础，尽快建立军事工程学院，校址初定在哈尔滨。志愿军第三兵团‘司政后’干部要尽量多调一些到学院工作，所以，你懋之是一定要到学院的。志愿军第三兵团各军也调一批师团营干部，你写个名单给我，我好向总干部部提出来。”“你住过西北军士官教育团，当过太岳抗大分校的教育长，肚子里墨水不算少！总有点学校生活体会吧，不会就学，大胆去干。我马上调西南军区第二高级步兵学校徐立行副校长先来，总理已写信请苏联派首席顾问来，等苏联顾问一到，我们一块儿去各地看看，选选校址，调研一下，回来成立个筹委会，你就来参加筹委会的工作。”

中國人民解放軍
軍事工程學院暫行組織編制表
(草案)
軍事工程學院籌備委員會草擬
一九五三年二月二日

军事工程学院暂行组织编制表

# 13

## 陈毅送给陈赓的“聚宝盆”是什么?

陈毅送给陈赓的“聚宝盆”是指华东军区司令部军事科学研究室。

早在1949年，陈毅大军进驻沪宁地区后，他十分留心江南这块文化底蕴丰厚的土地上散落的人才。当年他就专门在南京华东军区设立一个称作“华东军区司令部军事科学研究室”的机构，专门在华东地区搜罗、储备、使用高科技人才，致力于提高部队的现代化水平。

华东军区司令部军事科学研究室成员合影

教师是学校人才培养工作的核心，筹建工作的当务之急是寻求一批名教授搭建核心的教师队伍。但是，当时新中国百废待兴，教育界同是如此，正值院校调整，纷纷网罗人才。哈军工建设首先面临着人才不足的困境。1952年9月5日，在筹建哈军工的联席会议上，陈毅将华东军区司令部军事科学研究室交给了陈赓。这个被称为“聚宝盆”的人才库由留德博士、弹道专家张述祖教授领衔，汇聚了当时国内的一批顶尖人才。研究室的科研人员加入哈军工，强化了学院的教学科研实力，在哈军工创建初期发挥了重要的组织基础和人才支撑作用。

第一批由华东军区司令部军事科学研究室调入哈军工的13名高级知识分子是张述祖、马明德、任新民、赵子立、沈正功、张禄康、鲍廷钰、钟以文、张宇建、何乃民、岳劼毅、周祖同、金家骏。

# 14

## 哈军工为什么选址哈尔滨?

关于学院地址的选择，应考虑以下几个条件：第一，要邻近国防工厂和工业大学，选择办校基础较好的地点；第二，要远离国防前线，以确保办学安全；第三，要有较集中且适合教学要求的房屋条件。经过比较，哈尔滨这座城市最为适宜，因为哈尔滨既有飞机、坦克等军工企业，也拥有

学院建委会同志勘察院区

实力雄厚的哈尔滨工业大学，筹建的军工院校可以与之开展深度合作，获得技术和师资方面的帮助。哈尔滨濒临松花江，有利于海军工程专业的教学科研活动的展开。同时，哈尔滨医科大学原有的校舍资源，也可以暂时解决学院刚刚创建时的办公教学场所需求问题。而且，哈尔滨离苏联近，在这里建院，从安全和保密方面讲是最理想的地方。

此外，哈军工选址也蕴含着中国人民特有的情怀，十分具有深意和远见。学院坐落于哈尔滨市区的制高点，是哈尔滨的龙头位置。在此处创建军事院校，彰显了培养国防人才、抢占战争战略制高点的雄心壮志。这里的制高点地势，还与党中央培育栋梁之材、研制尖端装备的坚定决心和大无畏气概相呼应，预示要在这个制高点上，秉承高起点和高标准，创建一所独特的世界一流军事院校，以全新的办学理念和科教体系，培养强军需求的大批优秀科技人才，研发重要前沿科技成果，大力推动国防现代化进程。

# 15

## 哈尔滨市政府划拨了多少土地作为哈军工建设基础?

哈尔滨市政府划拨了3 500余亩土地作为哈军工建设基础。

1952年10月，学院建委会部分同志到哈尔滨看校址，最后选定在哈尔滨市南岗区东北部，即文庙街、一曼街北部这个全市地势的最高点建设学院。初步勘察后，确定院区范围是东至橡胶厂、太平桥，北至极乐寺和苏联红军烈士陵园，西至宣化街，南至马家沟河南岸，其中还有一座东北仅有的宫殿式建筑——文庙，面积共计3 500余亩。

王字楼

工字楼

致知楼

军事工程学院选址后，在此办学的哈尔滨医科大学迁出重建。哈尔滨医科大学的4.7万平方米房产由中央政务院命令卫生部移交给军事工程学院使用。哈尔滨医科大学移交的校舍主要有文庙、致知前后楼、工字楼、王字楼、马蹄楼及传染病院、麻风病院等。陈赓院长针对后续军事工程学院校址地皮的划拨问题，院区内传染病院、麻风病院和3 000座坟墓的迁移问题，切断文庙街东西两端的交通问题，以及按照国家建筑工程部的指令，松江省负责军事工程学院校舍的设计力量与施工力量的落实等问题，与时任中共松江省委书记李常青、松江省人民政府主席强晓初、哈尔滨市市长王一伦进行了讨论。哈尔滨地方政府表示将全力支持哈军工建设，尽力解决各种困难和问题。哈尔滨市政府的大力支持为哈军工建设提供了不可或缺的基础保障。

## 16

## 哈军工校舍设计方案是怎样诞生的?

1953年5月29日，学院建委会扩大会议在王字楼礼堂召开。陈赓院长、苏联顾问团、院部系领导、教授会主任及学院建委会全体成员参加会议。陈赓院长提出校舍设计要坚固、适用、美观、大方的要求。

会上提出两个方案，一是苏联顾问团副首席顾问叶果洛夫提出的“火柴盒方案”，即五个系合建一个综合教学大楼，像莫斯科大学那样的巨大建筑，坐东向西，骑在文庙街东头，可俯视哈尔滨全景，空中掠影，形似飞机。造型是俄式的，即平板墙面，铁皮屋顶，门厅搞欧式雕塑。二是李懋之和五位系主任提出的五个系各建一座大楼的总体布局方案，即“大屋顶”方案。建筑风格是墙面要有线条，采用中国宫殿式大屋顶，铺灰色瓦，墙面采用灰白色水磨石。最后，首席顾问奥列霍夫肯定了我方的方案。学院建委会扩大会议最终决定，学院采用五个系各建一栋教学大楼的方案，这样做的目的是五栋大楼既相对独立、便于保密，又有利于日后发展。建筑造型选用中华民族的传统风格，为了使建筑造型既体现民族风格，又避免古建筑传统脊兽的迷信色彩，学院建委会在设计时对建筑脊兽进行了改革。

哈军工建筑屋顶的“五脊六兽”是由技术人员陈星浩设计的。他建议，把五栋教学大楼四个垂脊上的蹲兽改成各系的装备，即空军工程系

（11号楼）改成一列飞机，炮兵工程系（21号楼）改成一列大炮，海军工程系（31号楼）用一列舰艇，装甲兵工程系（41号楼）用一列坦克，工兵工程系（51号楼）用一列吊车。大楼正脊上的龙头换成虎身。龙是虚无的，虎是实在的猛兽，他设计的虎首回眸仰视、虎尾弯弯上翘的模样很有气势。之后，学院建委会又研究将檐角的仙人骑凤改成解放军骑马，威风凛凛，振奋人心。方案完成后，请示陈赓院长。陈赓院长看了草图，十分满意，并说这个老虎设计得很好！谁要是来侵犯我们，老虎就狠狠地一口把他咬住了。这种既融入中华传统元素又体现军队文化的设计得到了师生们的认可，也使这五栋大楼成为哈军工文化中不可或缺的一部分，承载着哈军工的历史记忆。

五栋大楼屋脊及“脊兽”照片

# 17

## “两老办院”“端盘子”的含义是什么?

1952年10月，经过多种渠道、多批次集结的教授们陆续来到哈军工，但由于当时办学条件艰苦，教授们不适应军事化管理、不习惯膳食……种种问题导致教授们的思想产生了波动，无法安心工作。陈赓院长很关心教授们，经过与他们的交流和调研，确定了针对教授及其家属生活的优待措施。这些措施得到了很好的贯彻落实，稳定了教授们的思想和生活，大大地提高了教授们的工作积极性。同时，部分老干部（团以上干部）认为：学院对教授的待遇太过优厚，大大超过了老干部。老干部历经革命战争，艰苦卓绝，身负伤残，对国家功不可没；而这些教授在旧大学中教书，可待遇却优于老干部，太不公平。

为解决部分老干部的认识偏差，陈赓院长提出了“两老办院”重要办学理念，即“既要承认长征两万五，也要承认十年寒窗苦”。团以上干部是老干部，教授和一些老讲师是老教师，老干部和老教师只要团结协作、一心为办好这个学院而努力，这个学院就一定能办好。老干部既要做好领导工作，也要做好保障工作，使老教师心情舒畅，充分发挥自己的聪明才智，做好教学工作，合作共同办好学院。

“两老办院”这个理念，得到了全体人员的拥护，并在工作中得到充分体现。老教师学习了“两老办院”办学理念后，认识到了自己也是建院的“柱子”，工作也更加主动了。刘居英副院长和刘有光副政委为此做了大量工作。

为配合“两老办院”办学理念的宣传，学院邀请哈尔滨市京剧团来院演出全本《将相和》，在大操场连演数场。1952年，全国开展了“知识分子思想改造运动”。在这种形势下，陈赓院长提出“两老办院”，体现了他要办好哈军工的魄力。

陈赓院长在提出“两老办院”的同时，还提出了“端盘子”理念。他说：“办好学校好比开饭店，饭店的名声关键看大师傅手艺。教授们就是掌勺的大师傅，学员是就餐者，我们干部是端盘子的，为教员和学员服务。”陈赓院长的“服务”思想及亲自“端盘子”的行为影响了许多从战场转战到学院的老干部们，树立了为教员、学员服务的思想。

老干部和老教师之间心无芥蒂，与全院人员一起，在院党委和院首长的领导下，目标一致，团结协作，齐心努力，使教学质量不断提高，各项教学任务得以圆满完成。

陈赓在王字楼讲话

# 18

## 哈军工人戏称“八国联军”是指什么？

新中国成立初期，我国高级人才奇缺。周恩来同志亲自批示，邓小平同志具体办理，从全国调集知名专家到哈军工任教。为广泛汇聚优秀人才，建设一支德才优良的教师队伍，陈赓深入调查了解了中央各部委、科学院、高等院校的专家、教授情况，请求中共中央、中央军委和有关部门领导给予支持，选调的专家、教授横跨全国、全军教育、工业、铁道、邮电、兵工、船舶等10多个部门。截至1953年初，哈军工从全国调进78名专家、教授，又从部队抽调232名大学毕业生来校任教。这些老教师多数是留学归来的顶尖人才。他们曾留学美、英、法、比、德、俄、意、日等国，被戏称“八国联军”。除此之外，哈军工建院初期，也有一大批苏联顾问、专家来院支持建设，每个专业都至少配一位苏联专家。可见当时中央对哈军工的大力支持，使哈军工一建校就有了一支高水平的师资队伍。

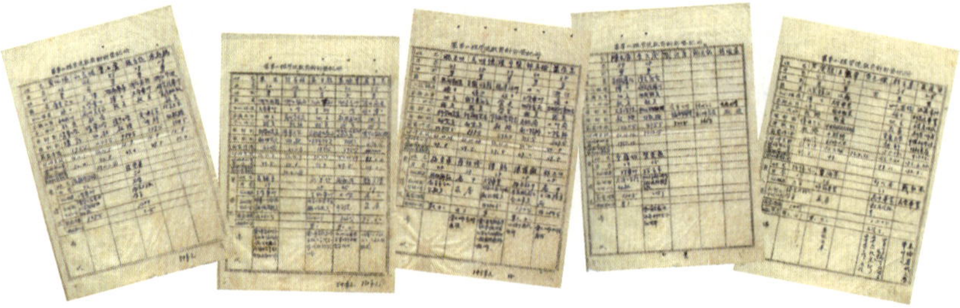

建院初期来院教授、讲师、助教的报到登记表

# 19

## 哈军工第一任科学教育部部长是谁?

张述祖教授是哈军工第一任科学教育部部长。科学教育部是哈军工第一大部，当时，学院的老干部很多，可陈赓却任命张述祖这样一位知识分子出任行政要职，可见陈赓办学是很倚重这位张老先生的。

张述祖是当时国内为数不多的弹道专家，与苏联的军事技术专家和顾问们相比也毫不逊色。他是德国的理学、工学双料博士，更可贵的，他还是一位有先进教育思想并有教育实践经验的教育家，曾担任过吴淞兵工学校教学负责人。在今天看来，陈赓办学得益于两类顾问：一是苏联顾问，他们帮助哈军工建立起现代先进的军事技术学科与专业；二是这位中国顾问张述祖先生，他为陈赓传递了中国传统的且先进的教育思想，充当了科学教育与专业技术顾问的双重角色，是陈赓麾下重要的智囊人物。在哈军工办学初期，陈赓经常问计于张述祖先生。张述祖曾经全面负责过国民党兵工学校的教学与管理，这也使他获得了最难得的工科大学的管理经验。

张述祖一生都致力于国家兵工教育事业。解放前他胸怀报国志，却总是踌躇而不得志。但自从入了陈赓麾下，则是如鱼得水。他的殷殷报国心、满腹经纶在哈军工创建初期得到了最好的发挥。

学院科学教育部及院属基础课教授会负责人

| | |
|---|---|
| 科学教育部部长 | 张述祖 |
| 教务处处长 | 曹鹤荪 |
| 教务处副处长 | 任新民 |
| 技术部计划处副处长 | 沈正功、董绍庸 |
| 数学教授会主任、副主任 | 卢庆骏、孙本旺 |
| 物理教授会主任、副主任 | 余瑞璜（未到任）、李天庆 |
| 化学教授会主任、副主任 | 曾石虞、谭自烈 |
| 投影几何教授会主任 | 黄明慎 |
| 理论力学教授会主任 | 陈百屏 |
| 电工原理教授会主任、副主任 | 李苾、刘景伊 |
| 机械工艺教授会主任 | 张凤岗 |
| 机械原理教授会主任 | 杨仲枢、曹国惠 |
| 材料力学教授会主任、副主任 | 周明鸂 |
| 金属工艺教授会主任 | 胡振渭 |

# 20

## 哈军工请调老教授的名单是谁开列出来的?

哈军工请调老教授的名单是张述祖开列出来的。

在受命创建军事工程学院之后，陈赓立刻着手调动各方面的资源支援哈军工。最主要的资源，当然就是教学和翻译人才。为了抢人才，陈赓找到老军工专家张述祖，请他担任了哈军工筹委会副主任，专门负责推荐人才。

张述祖是新中国的军工元老，在教育界的威望非常高。全国的理工科教授，他几乎全都认识。陈赓找到他之后，张述祖开列出了一份62人的请调名单。陈赓递请周恩来同志签字后，由教育部发调令从全国的院校及科研院所调集人才。哈军工的筹建工作，慢慢地走上了正轨。

哈军工建院初期请调来院工作的讲师以上教师名录如下。

| 姓　名 | 原　部　职　别 |
|---|---|
| 马明德 | 华东军区司令部军事科学研究室研究员 |
| 文圣常 | 广西大学教授 |
| 王连起 | 津沽大学讲师 |
| 王凯华 | 中央钢铁局设计处工程师 |
| 王受符 | 第四汽车制造厂工程师 |
| 卢庆骏 | 浙江大学教授 |
| 任新民 | 华东军区司令部军事科学研究室研究员 |
| 刘绍唐 | 清华大学副教授 |
| 刘恩兰(女) | 海军二级教授 |

| 姓　名 | 原　部　职　别 |
| --- | --- |
| 刘景伊 | 交通大学副教授 |
| 孙本旺 | 武汉大学教授 |
| 庄逢甘 | 中国科学院副研究员 |
| 朱　正 | 华东军区司令部军事科学研究室副研究员 |
| 朱起鹤 | 北京大学副教授 |
| 何乃民 | 华东军区司令部军事科学研究室研究员 |
| 余新福 | 民航局工程师 |
| 吴守一 | 广西大学教授 |
| 张凤岗 | 天津大学教授 |
| 张宇建 | 华东军区司令部军事科学研究室副研究员 |
| 张寿宝 | 民航局工程师 |
| 张良起 | 交通大学讲师 |
| 张述祖 | 华东军区司令部军事科学研究室教授 |
| 张相麟 | 大连工学院教授 |
| 张稼益 | 厦门大学教授 |
| 李　苾 | 湖南大学教授 |
| 李天庆 | 中山大学副教授 |
| 杨仲枢 | 湖南大学教授 |
| 沈正功 | 中国科学院研究员 |
| 邹志楷 | 民航局副工程师 |
| 陈百屏 | 大连工学院教授 |
| 陈涵奎 | 交通大学教授 |
| 周明鸂 | 武汉大学教授 |
| 周祖同 | 华东军区司令部军事科学研究室研究员 |
| 岳劼毅 | 华东军区司令部军事科学研究室研究员 |
| 林循经 | 江西南昌大学副教授 |
| 罗时钧 | 中国科学院助理研究员 |
| 金家骏 | 华东军区司令部军事科学研究室副研究员 |
| 胡寿秋 | 华中工学院教授 |
| 胡振渭 | 清华大学教授 |
| 赵子立 | 华东军区司令部军事科学研究室副研究员 |
| 赵国华 | 交通大学教授 |

| 姓　名 | 原　部　职　别 |
|---|---|
| 钟以文 | 华东军区司令部军事科学研究室研究员 |
| 殷之书 | 清华大学讲师 |
| 顾懋祥 | 交通大学讲师 |
| 高步昆 | 清华大学教授 |
| 曹国惠 | 清华大学教授 |
| 曹鹤荪 | 华东航空学院教授 |
| 梁守槃 | 华东航空学院教授 |
| 萧学忠 | 工业局工程师 |
| 黄明慎 | 清华大学讲师 |
| 龚家鹿 | 华东化工学院副教授 |
| 曾石虞 | 复旦大学教授 |
| 曾承典 | 同济大学教授 |
| 程尔康 | 重庆大学讲师 |
| 董绍庸 | 民航局工程师 |
| 蒋志扬 | 民航局副工程师 |
| 慈云桂 | 大连海校副教授 |
| 鲍廷钰 | 华东军区司令部军事科学研究室副研究员 |
| 谭自烈 | 南京大学教授 |
| 潘　定 | 华东军区司令部军事科学研究室副研究员 |
| 潘景安 | 复旦大学教授 |
| 薛鸿达 | 同济大学讲师 |

经周恩来同志签字调入哈军工的老师最年轻的才30岁左右。1952年正值全国院校调整时期，他们都是各院校争抢的对象。

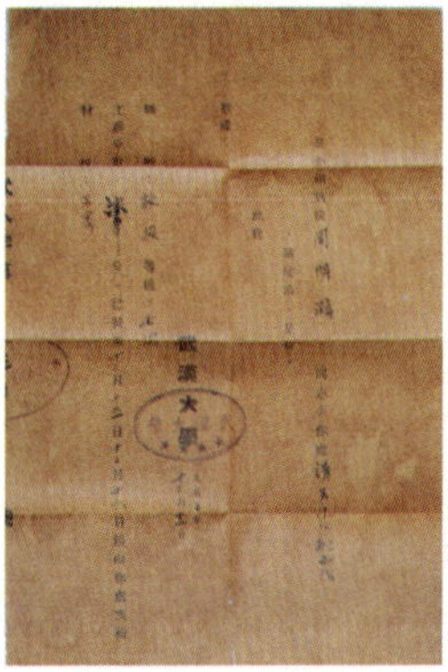

周明鸂教授到军工报到所持的介绍信

# 21

## 陈赓院长总结的老教师们到哈军工需要过的“三关”是什么?

陈赓院长总结的老教师们到哈军工需要过的“三关”是“山海关、家庭关、军队关”。

“山海关”不好过，是因为关外自古便是凡人充军之地。哈尔滨冬天天寒地冻，自然条件恶劣，且新鲜蔬菜很少，主食就是高粱米、玉米等粗粮。而礼聘来的专家、教授们大部分来自南方，对哈尔滨的气候、饮食不适应。

“家庭关”不好过，是因为老教师们基本上都已成家立业，若让他们离开家人和孩子到边远地区任教，难免人心浮动；若让他们带着家属前往哈尔滨，多数家属也不愿意离开上海、南京、杭州等大城市。

“军队关”不好过，是因为老教师们过惯了比较自由的地方院校生活，对严格的军队生活不习惯。

陈赓院长十分理解和体谅老教师们的想法，他让老教师们住进当时最好的有暖气的房子，他自己却住进简陋的小平房。陈赓院长礼贤下士，凡是老教师来哈军工报到，他必设便宴招待，嘘寒问暖。

老教师们学有见术，内心世界自然更加丰富。然而，面对强国安邦的国家需要，他们义无反顾地听从祖国召唤，奔赴哈尔滨，勇过“三关”，一腔热血，全身心投入哈军工办学中。内心中告诉自己必须要习惯，行动上强迫自己必须要适应，这些“必须”体现的是他们以祖国需求为命令，舍小家顾大家、舍亲取国的大义担当。

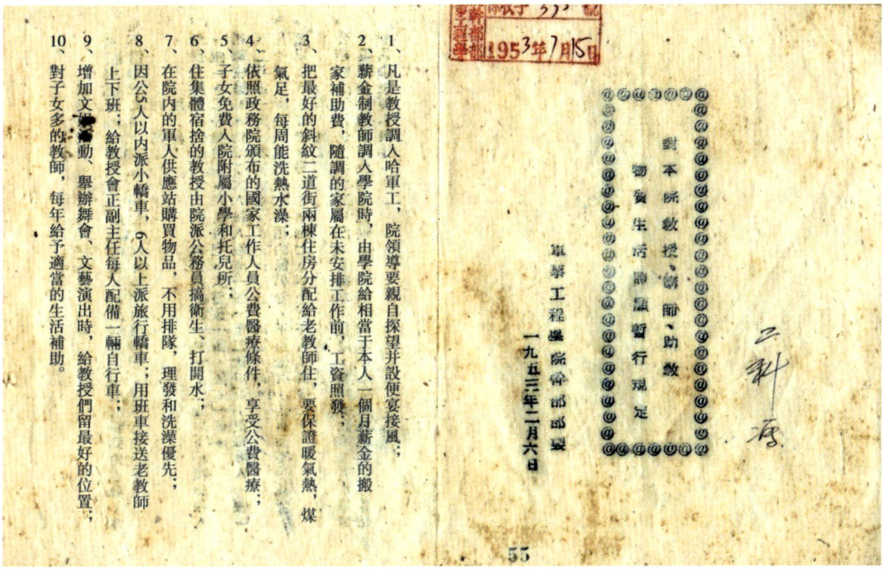

1953年7月15日

對本院教授、講師、助教物質生活照顧暫行規定

軍事工程學院幹部部製
一九五三年二月六日

1、凡是教授調入哈軍工，院領導要親自探望并設便宴接風；
2、薪金制教師調入學院時，由學院給相當于本人一個月薪金的搬家補助費，隨調的家屬在未安排工作前，工資照發；
3、把最好的斜紋二道街兩棟住房分配給老教師住，要保證暖氣熱，煤氣足，每周能洗熱水澡；
4、依照政務院頒布的國家工作人員公費醫療條件，享受公費醫療；
5、子女免費入院附屬小學和托兒所；
6、住集體宿捨的教授由院派公務員搞衛生、打開水；
7、在院內的軍人供應站購買物品，不用排隊，理發和洗澡優先；
8、因公5人以内派小轎車，6人以上派旅行轎車；用班車接送老教師上下班；給教授會正副主任每人配備一輛自行車；
9、增加文娱活動、舉辦舞會、文藝演出時，給教授們留最好的位置；
10、對子女多的教師，每年給予適當的生活補助。

55

《对本院教授、讲师、助教物质生活照顾暂行规定》

# 22

## 哈军工创建中的“三驾马车”是什么含义？

1953年2月28日召开的学院首次党委会根据陈赓的提议通过了以陈赓、徐立行、张衍、李懋之4人为党委常委的决定。徐立行、张衍、李懋之是哈军工创建发展中军事教育、政治工作、后勤保障的“三驾马车”。“三驾马车”分工协作，共同协助陈赓，对哈军工创建初期的发展起到了重大推动作用，是哈军工能够快速壮大的重要保证。他们为后来哈军工的辉煌历史奠定了坚实基础。

一〇三工地开工典礼大会

徐立行任教育长，在哈军工创建发展中负责军事教育。他从参加选择校址、组织大规模建设开始，贯彻党中央、中革军委建院方针和办学指导思想，团结苏联专家，组建和培养高水平的教师队伍，一丝不苟地坚持贯彻教育计划，建立正规的教学制度和秩序，狠抓教学质量。

张衍任副教育长，院政治部副主任、主任，在哈军工创建发展中负责政治工作。在哈军工政治部工作期间，他充分实现了政治工作和党建工作的引领作用，为学院发展提供了坚强的政治和组织保障。

李懋之任副教育长、院务部部长，后任副院长，在哈军工创建发展中负责后勤保障。建院初期他担任建筑委员会主任，在极端困难的情况下，千方百计克服困难，用短短两年多时间，组织建成规模宏伟的教学、科研和生活用房，为教学科研提供了有力保障。

# 23

## “陈赓刀下留人”故事的由来？

哈军工建院初期教师奇缺，陈赓院长求贤若渴，他认为：只要有才能，尽量挖过来；只要有能力，尽量发挥作用。有位曾留学法国、学习弹道学，回国后从事炮兵教育的专家叫沈毅。经查，此人在抗日战争时期是国民党第三战区的少将专员。解放战争时期在东北起义，对我军建设炮兵有过贡献。新中国成立后，他在“三反、五反”运动中被判了死刑，囚在

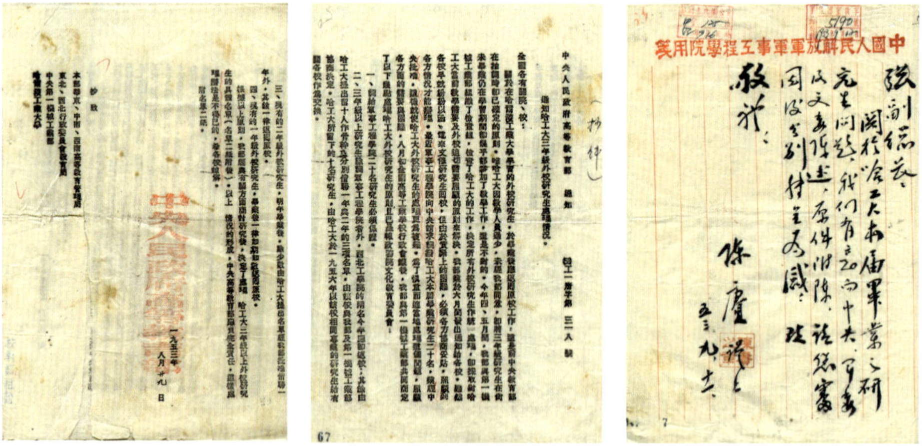
中國人民解放軍軍事工程學院用箋

陈赓给解放军副总参谋长张宗逊写信，
商调哈尔滨工业大学20名研究生来学院任教

监狱中。陈赓听说后就找到当时负责“三反、五反”运动的主要领导人薄一波和时任最高人民法院院长的董必武商量，可否让此人到哈军工发挥技术专长，戴罪立功。薄一波是陈赓的老战友，打趣地说：“老陈真是爱惜人才，死刑犯都敢要！”经过请示相关领导，由董必武批准，沈毅被改判死缓，交给哈军工监外执行。陈赓对沈毅说：“沈毅，我们保你出来，是希望你用你的专长继续为人民做工作。明天就送你去哈尔滨，到哈军工后你就负责翻译科技情报资料，一边工作，一边改造，重新做人。”到哈军工后，沈毅交由政治部保卫部管理。沈毅工作十分卖力，翻译的资料对弹道专业的教学和研究很有参考价值。1959年，沈毅被特赦，不再服刑。迄今为止，一些老教授提起这件事还记忆犹新：“陈赓院长是真心实意地尊重知识，爱护人才。”

# 24

## 卢庆骏是如何几经周折被调往哈军工的?

1949年5月2日，获得数学博士学位的卢庆骏回到浙江大学，与苏步青先生等浙江大学师生走上杭州街头，欢迎解放军入城。在苏步青的主持下，年富力强的卢庆骏被任命为浙江大学数学系主任。黄景文带着教育部的调令，要把卢庆骏调到哈尔滨。黄景文认为："卢庆骏学的不是纯理论数学，而是应用数学，他的数学知识与工程方面结合较密切，因此他到哈军工不仅能领导一、二年级基础数学教授会，而且能成为各系、各专科中

卢庆骏教授在授课

解决某些疑难数学问题方面的顾问。这点对哈军工来说是非常重要的。卢庆骏水平高，有朝气，有组织能力，是一个难得的人才。”但由于种种原因，卢庆骏的调动问题始终没有被解决。

陈赓院长考虑再三，再派徐立行教育长赴上海。一身戎装的徐立行，彬彬有礼地向苏步青教授详细说明了哈军工的性质、任务及目前面临的困难，特别强调明年要招生开课，急需教授编写教材和授课。徐立行的诚恳和友善，让苏步青深为感动，他坦言道：“卢庆骏是我的学生，这次高校院系调整，我奉调来复旦大学，也把庆骏调来做我的助手，他刚刚40岁，正是挑大梁的黄金年龄，现在自然应以国家利益为重，卢庆骏就调给你们好啦！”于是卢庆骏在1953年正式入职哈军工。

# 25

## 卢庆骏教授在哈军工课程建设方面的主要贡献是什么?

卢庆骏教授认为课程建设的核心是培育青年教师。他亲自抓了四件大事：首先，坚持每周开一次教学准备会。因为数学是大课，卢庆骏教授让一个主讲的人先作准备，开会时给大家讲这堂课怎么上，听完后大家讨论，最后他作总结，统一要求，统一思想。其次，抓学习苏联教学经验。当时苏联专家来了以后，按照苏联的教学模式制定了教学过程的组织条例，对大课有什么要求、练习课有什么要求、考试怎么考都规定得非常具体，所以首要就是学习相关的经验。再次，抓助教训练，着重对青年教师进行训练。随着培训程度的不断提高，训练办法也逐步改变。开始是卢教授自己讲课，之后是让青年助教们自己讲，再后来是青年们编教材，一步步把教员培养起来。最后，抓观摩教学。卢教授号召大家向别的学科学习，学人之长，补己之短。当时，学院里各学科的大师都在教学第一线，卢教授就号召大家迈开双腿，学习别人的长处，学习别的学科先生们讲课的优点。

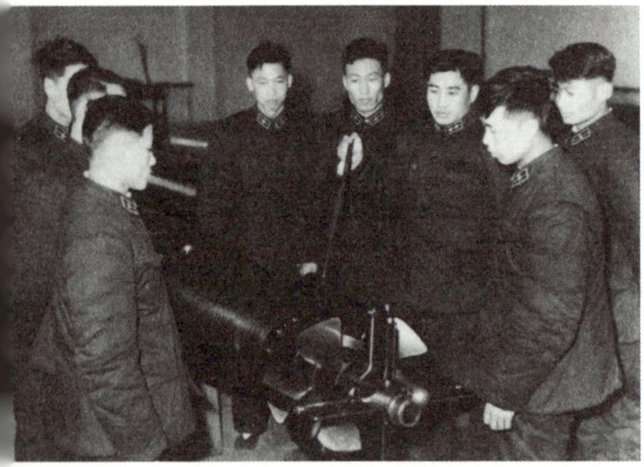

海军工程系的教员在鱼雷陈列室给学员讲解鱼雷的结构

# 26

## 第一批到哈军工的苏联顾问有哪几位?

1953年4月下旬，以奥列霍夫中将为首席顾问的苏联顾问团第一批成员8人来到中国，在北京受到朱德同志的宴请，1953年5月13日到达哈尔滨。首席顾问奥列霍夫是苏联航空工程勤务中将，是列宁格勒莫扎伊斯基空军工程学院副院长，在第二次世界大战时期，任苏军空军总司令部干部部长。他具有很强的组织能力，精通军事业务技术，还有在苏联军事院校的工作经验。第一批苏联顾问都是哈军工专家顾问团的骨干，分别是首席顾问瓦·依·奥列霍夫、副首席兼教育顾问依·依·叶果洛夫、战术顾问谢·克·舒里加、炮兵工程系顾问尼·比·贝日科、装甲兵工程系顾问彼·尼·卡普斯金、工兵工程系顾问亚·波·舍尔巴科夫、空军工程系顾问勒·维·费道罗夫、海军工程系顾问波·德·季莫非耶夫等。

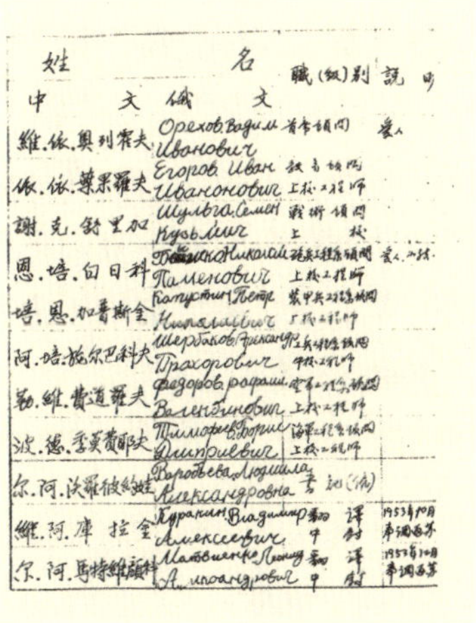

| 姓名 中文 | 姓名 俄文 | 職(級)別 | 說明 |
| --- | --- | --- | --- |
| 維.依.奥列霍夫 | Орехов Вадим Иванович | 首席顧問 | 家人 |
| 依.依.葉果羅夫 | Егоров Иван Иванонович | 教育顧問 上校工程師 | |
| 謝.克.舒里加 | Шульга Семен Кузьмич | 戰術顧問 上校 | |
| 恩.培.白日科 | [illegible] Николай Пименович | 砲兵工程系顧問 上校工程師 | 家人 二人 |
| 培.恩.加普斯金 | Капустин Петр Николаевич | 裝甲兵工程系顧問 上校工程師 | |
| 阿.培.舍爾巴科夫 | Щербаков Александр Прохорович | 工兵工程系顧問 中校工程師 | |
| 勒.維.費道羅夫 | Федоров Рафаил Валентинович | 空軍工程系顧問 上校工程師 | |
| 波.德.季莫費耶夫 | Тимофеев Борис Дмитриевич | 海軍工程系顧問 上校工程師 | |
| 尔.阿.沃羅彼約娃 | Воробьева Людмила Александровна | 書記(俄) | |
| 維.阿.庫拉金 | Куракин Владимир Алексеевич | 翻譯 中尉 | 1953年10月奉調回蘇 |
| 尔.阿.馬特維顏科 | Матвиенко Леонид Александрович | 翻譯 中尉 | 1953年10月奉調回蘇 |

第一批到哈军工的苏联顾问名单

27

## 创办哈军工的开国将军有哪些?

哈军工筹建者中，共有15位开国将军，他们分别是哈军工第一任院长兼政委陈赓大将、哈军工第二任政委谢有法中将、哈军工第二任院长刘居英少将、哈军工副政委刘有光少将、哈军工空军工程系首任系主任唐铎少将、哈军工工兵工程系首任系主任唐凯少将、哈军工炮兵工程系首任系政委贺振新少将、哈军工副政委李开湘少将、哈军工教育长徐立行少将、哈军工副院长李懋之少将、哈军工政治部主任张衍少将、哈军工装甲兵工程系首任系主任徐介藩少将、哈军工副政委张子明少将、哈军工工兵工程系系主任薛克忠少将、哈军工工兵工程系副主任吴振挺少将。

这些开国将军为哈军工的创建提供了绝对忠诚的政治保证、果断的组织领导、精准的办学方向定位、广泛的人才吸引及坚实的军民联合支撑，使哈军工得以在特殊的历史时期迅速崛起，在中国军工高等教育发展史上占有重要地位。

哈军工第一任院长兼政委
陈赓大将

哈军工第二任政委
谢有法中将

哈军工第二任院长
刘居英少将

哈军工副政委
刘有光少将

哈军工空军工程系首任系主任
唐铎少将

哈军工工兵工程系首任系主任
唐凯少将

哈军工炮兵工程系首任系政委
贺振新少将

哈军工副政委
李开湘少将

哈军工教育长
徐立行少将

哈军工副院长
李懋之少将

哈军工政治部主任
张衍少将

哈军工装甲兵工程系首任系主任
徐介藩少将

哈军工副政委
张子明少将

哈军工工兵工程系主任
薛克忠少将

哈军工工兵工程系副主任
吴振挺少将

# 第二篇 成立·办学

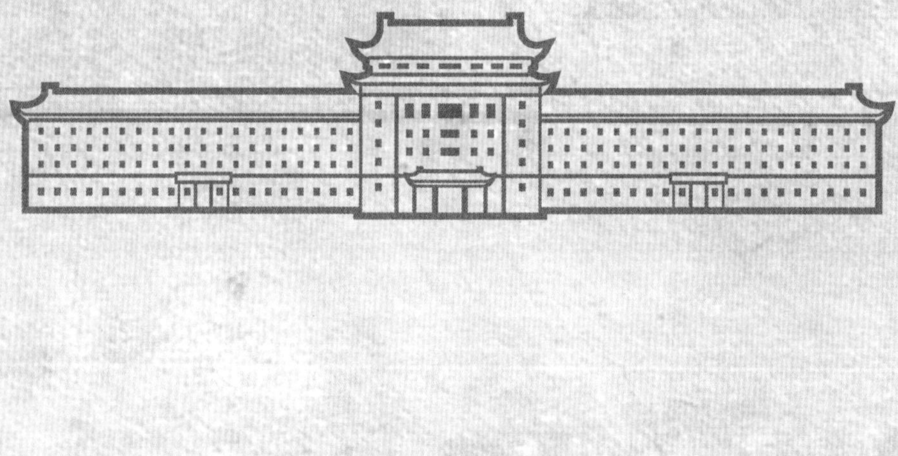

# 28

## 哈军工的名字全称是什么，是哪位中央领导人定名的？

哈军工筹建于1952年，全称为中国人民解放军军事工程学院，因校址在哈尔滨，俗称为“哈军工”。

1949年10月1日，当毛泽东同志在北京宣告中华人民共和国成立的时候，就强调我们必须要以最快的速度建立强大的国防军，实现国防现代化。因此，我们必须办一所诸兵种、多学科、综合性的正规高等军事技术学校。1949年底，毛泽东同志和周恩来同志赴莫斯科与斯大林会面时，就曾谈到创办军事工程技术学校以培养军事技术干部的问题。

1950年6月25日，朝鲜战争爆发。同年10月，中国人民志愿军雄赳赳、气昂昂地跨过了鸭绿江，入朝作战。抗美援朝战争使毛泽东同志意识到，新中国必须加强国防现代化，急需大批军事技术干部，任务十分紧迫。在此形势下，党中央、毛泽东同志决定组建军事工程技术学院。1952年3月26日，毛泽东同志在时任代总参谋长聂荣臻和副总参谋长粟裕向中革军委呈送的《关于成立军事工程学院的报告》上批示：“同意”。实际上在哈军工初议时就定下了学校的名字，叫作军事工程技术学院。但为了保密，周恩来同志特意把“技术”二字删去，于是就成了中国人民解放军军事工程学院。

中国人民解放军军事工程学院，有人称呼它为军中“清华”，也有人把它比为东方“西点”。创办这所军事工程学院时对外是保密的，连校名也不为外界所知，学校校门无任何标志。军事工程学院部队代号先后为103部队、9042部队、总字993部队。

学院筹委会在北京的最后一次会议决定，1952年12月1日起，启用“中国人民解放军军事工程学院关防”公章。筹委会正式迁往哈尔滨办公。

# 29

## 哈军工办学之初都有哪些系？

哈军工办学之初设置了五个系，分别为空军工程系、炮兵工程系、海军工程系、装甲兵工程系和工兵工程系。这些系和专业都是按照军兵种兵器、装备建设的需要设置的。一系空军工程系，设有航空工程科、航空兵器科、电气与特设装备科、无线电技术科、航空兵器科、机场建筑科、气象科，一期学员共235人。二系炮兵工程系，设有炮兵步兵兵器科、火药与炸药科、炮兵射击指挥仪科、炮兵雷达科、火箭兵器科，一期学员共154人。三系海军工程系，设有海道测量科、舰炮与弹药设计科、鱼雷和水雷科、无线电通信科、舰船制造科，一期学员共83人。四系装甲兵工程系，设有坦克科、汽车科，一期学员共105人。五系工兵工程系，设有部队工程科、筑城科、建筑科、工程机械科、电器机械科，一期建筑科共102人。

装甲兵工程系学员核对设计图纸

# 30

## 哈军工建院时的五位系主任都是谁？

唐铎、赵唯刚、黄景文、徐介藩、唐凯是哈军工建院之初空军工程系、炮兵工程系、海军工程系、装甲兵工程系、工兵工程系的五位系主任。他们不仅是经过战火考验的资深革命军人，而且是学有所长的专家内行，具有一定的科技知识和专业技术基础。

空军工程系主任唐铎，1904年出生，1926年加入中国共产党，1955年被授予空军少将军衔。唐铎是我国著名的国际主义战士，也是我国唯一驾驶战鹰打击德国法西斯的“飞将军”。1920年，唐铎赴法国勤工俭学。

空军工程系主任　唐铎

唐铎获得的“卫国战争勋章”

唐铎获得的“列宁勋章”

唐铎获得的“红旗勋章”

唐铎获得的“红星勋章”

1924年唐铎进入广东军事航空学校学习飞行，后作为第一期毕业生被派到苏联继续深造。唐铎曾在苏联五所空军院校学习过，最终毕业于著名的茹柯夫斯基空军工程学院。毕业后他被分配到苏联空军部队，担任飞行员、空军教员。1944年6月，唐铎以苏联空军飞行团副团长的军职上前线，与德国法西斯英勇作战，屡立战功。他在苏联空军部队工作了28年，先后荣获四枚勋章、三枚奖章，其中包括最高等级的苏联国家勋章——列宁勋章。1953年，中共中央和周恩来同志出面与苏联政府多次交涉，才使唐铎回国，回国后他便任职哈军工空军工程系主任。2015年5月7日，在出席俄罗斯纪念卫国战争胜利70周年庆典并访问俄罗斯前夕，国家主席习近平在《俄罗斯报》发表题为《铭记历史，开创未来》的署名文章。文中说：“中国飞行员唐铎作为苏军空中射击团副团长，鹰击长空，在同法西斯军队的空战中屡建战功。”

炮兵工程系主任赵唯刚，1905年出生，1926年加入中国共产党，1955年被授予大校军衔。他是苏联炮校毕业的高才生，中共著名情报战线功臣。1927年9月，赵唯刚任东北军工厂少校厂员、东北军模范队中校教育主

赵唯刚获得的UTM章

赵唯刚的中苏友好协会会员章

赵唯刚的工作笔记本

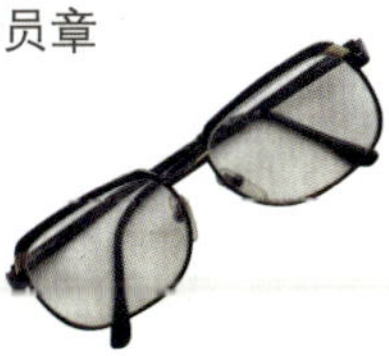

赵唯刚使用过的眼镜

炮兵工程系主任　赵唯刚

任、东北讲武堂教官。在中央特委的直接领导下，他以此身份作掩护开展地下工作。1933年，赵唯刚奉调苏联，在伯力炮校学习，曾参加苏联远东红旗军司令部的情报工作。1935—1936年，赵唯刚进入莫斯科机械化兵学校学习。1941年，赵唯刚回国，在延安任炮兵军事教官。1952年10月，赵唯刚任哈军工炮兵工程系主任。

海军工程系主任黄景文，1913年出生，1939年加入中国共产党，1960年晋升大校军衔。1931年，黄景文考入广州黄埔海军学校，学习舰长指挥专业，并秘密参加共产党外围组织“读书会”。1936年，黄景文毕业后留校任教官。1952年，黄景文任海军工程系主任。

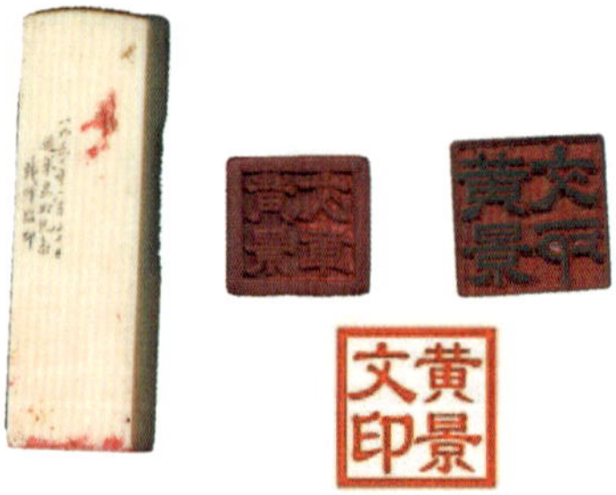

黄景文名章

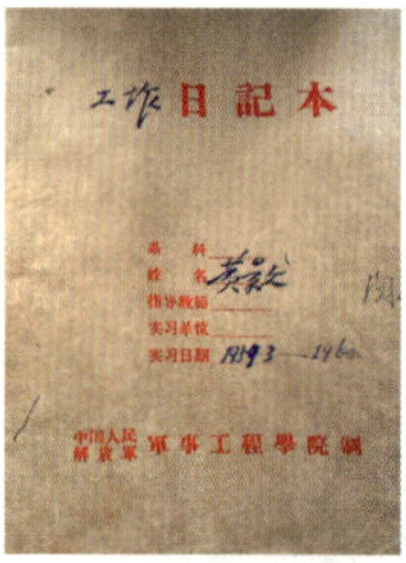

黄景文的工作日记本

海军工程系主任　黄景文

装甲兵工程系主任徐介藩，1901年出生，1926年加入中国共产党，1961年晋升为少将军衔。他参加过苏联卫国战争、抗美援朝战争。1925年，徐介藩进入黄埔军校第三期步科学习，毕业后转入广东航空学校学习，1926年赴苏联进入列宁格勒红军航空学校学习，1928年转入莫斯科东方大学学习。值得一提的是，徐介藩是留学苏联的空军专家，陈赓开始想

装甲兵工程系主任 徐介藩

徐介藩的中国人民政治协商会议第三届全国委员会第一次全体会议出席证

徐介藩获得的二级“自由独立勋章”

徐介藩的黄埔军校毕业证书

让他担任空军工程系主任，但由周恩来同志亲自批准回国的唐铎也被分配到哈军工工作。考虑到唐铎在苏联空军服役近28年，又是航空兵器专家，陈赓权衡再三，亲自找徐介藩做思想工作，调整他和唐铎的工作岗位。徐介藩坚决服从组织上的安排，调任装甲兵工程系主任。

工兵工程系主任唐凯，1916年出生，1931年加入中国共产党，1955年被授予少将军衔。他做过特种兵，专业经验丰富。1929年，13岁的唐凯加入中国共产主义青

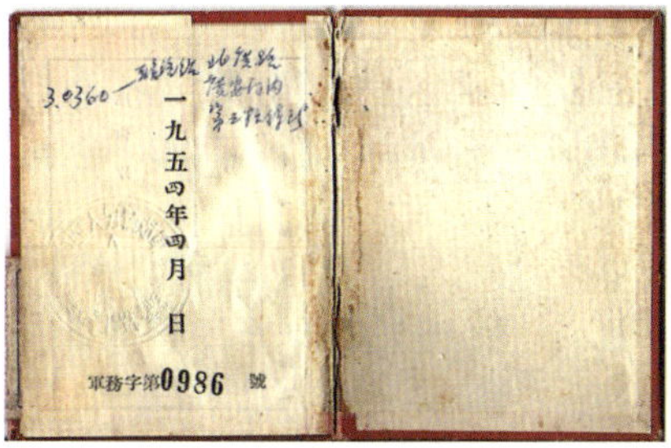


唐凯的干部身份证

工兵工程系主任 唐凯

年团，同年参加中国工农红军，1931年由共青团员转为共产党员。1929年1月28日夜，在他的入团宣誓仪式上，他请求书记将中国共产党的标记——镰刀和斧头图案烙刻在自己的右手腕上，誓为共产主义事业奋斗终身。1945年8月29日，唐凯和曾克林司令员一起率冀热辽军区第十六军分区部队首先出关，进入沈阳，为接收东北做出了贡献。

# 31

## 哈军工开学典礼何时举行，地点在哪？

1953年9月1日下午，中国人民解放军军事工程学院成立暨第一期开学典礼隆重举行。院长兼政委陈赓庄严宣布：“中国人民解放军军事工程学院——我国历史上第一所军事工程学院正式成立了。”时任解放军副总参谋长张宗逊代表中革军委向陈赓院长授旗并宣读《中央人民政府人民革命军事委员会训词》，陈赓代表学院在成立大会上致答词。张宗逊、陈赓及

哈军工开学典礼分列式

苏联首席顾问奥列霍夫等人在主席台检阅分列式。时任总政治部秘书长王宗槐、空军副司令员常乾坤、工程兵副司令员黄智勇、炮兵政治委员邱创成等军队首长及松江省人民政府主席强晓初等参加了检阅。

中国人民解放军军事工程学院的成立，标志着我国培养军事工程人才和发展军事工程事业进入了一个崭新的阶段。学院肩负着培养高级军事工程指挥军官、军事工程专业技术军官的神圣任务，将为我军建设提供大批专业骨干。学院在学习苏联先进经验的基础上，坚持独立自主、立足国情，逐步探索适合我国国情的军事工程人才培养模式。全体教职员工和学员的共同努力，推动了我国国防科研和军事工程事业的发展，为实现中华民族的伟大复兴提供了坚强保障。

关于开学典礼的地点，很多后人一直以为是在大操场，也就是现哈尔滨工程大学体育馆门前的军工操场举行的。实际这是一个误传。哈军工开学典礼的地点是工字楼至87号楼之间的一片空地，当年称大操场（后称老大操场）。

# 32

# 哈军工成立暨第一期开学典礼上颁发《训词》的是哪位中央领导人？

1953年8月26日，毛泽东同志为哈军工成立暨第一期学员开学颁发《中央人民政府人民革命军事委员会训词》（简称《训词》）。

实际上《训词》原稿并非毛泽东同志所撰写，而是毛泽东同志让军委办公厅主任萧向荣起草了《训词》后由其进行了修改。1953年7月10日，在中南海菊香书屋，陈赓汇报完筹建哈军工的情况及所遇困难后向毛泽东同志请示："学院9月1日开学，想请主席给写一个训词。"毛泽东同志笑呵呵地说："哎呀，我现在也是个官僚主义者，懒得动笔，不常写东西。让萧向荣主任先起个草吧，我再修改修改。不要写得太长，要突出办军工的意义，要发扬我们军队的好传统。"8月26日，经毛泽东同志修订的《训词》正式颁布，对学院的办学宗旨、培养目标等提出了具体要求，强调了向苏联学习，阐述了毛泽东同志和中央对哈军工的无限期待和盼望，希望哈军工全体师生都能够发扬解放军光辉传统，为我军现代化建设尽一份力。

《训词》全文如下。

军事工程学院陈院长和全体教授、助教、学员、工作人员同志们：

当你们开学的时候，我向你们致以热烈的祝贺。

在此时机，我并向热诚帮助我们计划和创办这个学院的苏联政府、苏联顾问表示衷心的感谢！

中国人民解放军军事工程学院的创办，对于我国的国防事业具有极重大的意义。为了建设现代化的国防，我们的陆军、空军和海军都必须有充分的机械化的装备和设备，这一切都不能离开复杂的专门的技术。今天我们迫切需要的，就是要有大批能够掌握和驾驭技术的人，并使我们的技术能够得到不断的改善和进步。军事工程学院的创办，其目的就是为了解决这个迫切而光荣的任务。

向苏联学习，这是我们建军史上的优良传统，无论任何时候，任何工作部门，都应当如此。这点，对于你们这个学院，有更加重要的意义。我们必须学习苏联的先进科学和技术知识，学习苏联军事工程建设的丰富经验，学习苏联顾问同志的学习态度和工作态度，学习苏联顾问同志高度的爱国主义和国际主义精神。在学习上应该是虚心诚恳，不要学到一点就自满和骄傲。

保持和发扬中国人民解放军的光荣传统，特别是全心全意为人民服务的精神和自我牺牲的英雄气概，这在你们的学院，是和全军一样，必须充分领会和一刻也不可忘记的。希望你们团结一致，办好学院，尊重顾问，努力学习，为完成人民革命军事委员会给予你们的光荣任务而奋斗！

主席　毛泽东

一九五三年八月二十六日

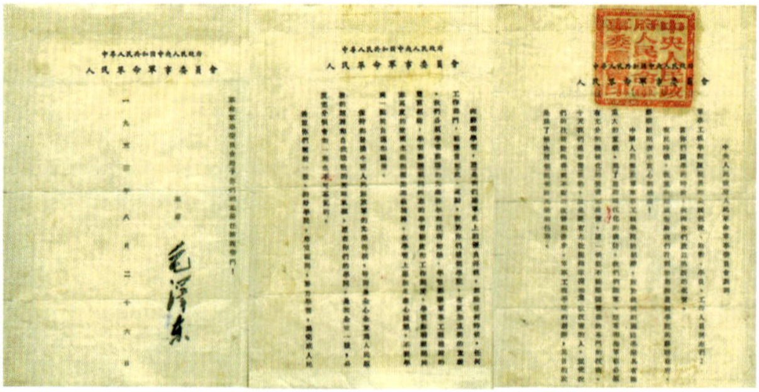

毛泽东同志为哈军工颁发的《训词》

# 33

## 陈赓院长在哈军工成立暨第一期开学典礼上的答词都说了什么?

陈赓院长在哈军工成立暨第一期开学典礼上代表学院接受了军旗并致答词。答词中说："我接受了我们学院的战斗旗帜以后，请允许我向毛主席和中央人民政府革命军事委员会提出保证，我们全院人员将永远保持这面光荣的、伟大的、战无不胜的'八一'军旗，作为我们军人的英勇与荣誉的象征。中央人民政府革命军事委员会给予我们军事工程学院的任务，是为了建设正规化的国防军，培养对党对国家具有高度忠诚、英勇顽强、

陈赓院长代表学院在哈军工成立大会上致答词

积极负责、克服困难、坚决执行命令、有高度的组织性纪律性、精通现代军事科学技术的各兵种军事工程师及国防技术人员，以适应祖国国防建设的需要。当我们领受这一伟大而艰巨的任务的时候，我代表全院人员向您提出保证……我们全院人员一定能坚守自己神圣的职责，团结一致，克服困难，发挥高度的积极性创造性，加强组织性纪律性，虚心诚恳，不骄不躁，保证完成毛主席和中央人民政府人民革命军事委员会所给予我们的光荣任务。”

致过答词，陈赓又为开学典礼致辞。他庄严宣布：“在中央人民政府人民革命军事委员会主席与总司令的直接领导下，中国人民解放军军事工程学院——我国历史上第一所军事工程学院正式成立了。”他还对军委各总部、各军兵种，对东北军区、松江省和哈尔滨市党政领导，对哈尔滨工业大学、哈尔滨医科大学的关怀和帮助表示衷心的感谢。

# 34

## 哈军工开学典礼上，陈赓院长对完成中革军委交给学院的任务提出了哪些要求？

哈军工开学典礼上，陈赓院长对中革军委交给学院的任务提出了五点要求。

第一，我们培养的军事工程技术干部，在思想上必须是以马克思列宁主义及毛泽东思想武装起来的。只有在辩证唯物论的正确观点和思想方法指导之下，才能充分发挥科学技术的威力，给予科学技术以广阔的发展前途。必须严正地、不断地批判科学领域内资产阶级的唯心论、机械论的观点，保证学术思想的纯洁。

第二，我们必须依据马克思列宁主义的军事科学、斯大林的军事学说、毛泽东军事思想，认真地学习苏联的先进科学和技术知识，学习苏联军事工程建设的丰富经验，学习苏联顾问同志的工作和学习态度，学习苏联顾问同志高度的爱国主义和国际主义精神。

第三，现在，全军正在进行统一的正规训练，开始了我军由低级阶段过渡到高级阶段的伟大历史转变。必须加强正规化的军事训练，正确地执行各种条令，巩固和提高军队的纪律，以加强组织性、纪律性、计划性、准确性，反对游击习气及无组织、无纪律的现象；同时不断提高军事素养，充实战术知识，使技术与战术紧密结合，适应战术的要求，更好地发挥技术的威力。

第四，必须遵照主席的指示，关怀青年一代的成长。在教学工作中要充分兼顾学员和工作人员的工作、学习和体育、娱乐两个方面，真正做到全体人员身体好、学习好、工作好。在学员中，一方面要提倡勤学苦练，钻研学术；另一方面要提倡锻炼体格，适当休息。现代化的国防部队的建设，不仅需要我们具有高度的政治觉悟、军事技术的水平，同时也要求我们具有强健的体格。只有这样才能适应现代作战的要求，胜利完成任务。

第五，全体人员必须紧密地团结在院党委的周围，在以教学为中心的方针下，取得思想统一，步调一致。坚决贯彻院党委的一切决议和指示，克服各自为政的现象。提倡集体主义，反对个人主义。提倡尊师重道，教学联系实际，反对自高自大、故步自封。加强学术研究，加强教职学员之间的亲密团结，完成教育计划。

哈军工开学典礼会场

# 35

## 建院初期陈赓院长居住在什么地方？老教师住在哪里？

建院初期，因住房紧张，陈赓院长居住在小平房。这是哈尔滨医科大学留给学院的两排小平房，每排六户，每户有3间屋。老教师们则被学院安排在道里斜纹二道街的楼房内居住，有暖气和煤气。

时至今日，陈赓院长住进低矮平房，将楼房给老教师们住的事迹依然被人们铭记。

陈赓院长与第一批参军的8名教师一一握手

# 36

## 哈尔滨的大和旅馆与哈军工有什么隶属关系?

哈尔滨的大和旅馆是哈军工历史的重要见证者，现在改名为龙门大厦贵宾楼，位于南岗区红军街街口，是解放前哈尔滨市最高级的宾馆。

大和旅馆的前身是中东铁路宾馆，于1901年6月27日开工，1903年2月建成，使用面积3 700多平方米，设有客房53间。1936年6月，该楼进行了历史上第二次大修改建，于1937年2月1日完工，建筑面积增加到7 198平方米，改名“大和旅馆”。1946年7月，东北铁路总局成立并在此办公。1950年5月1日，中苏合办的中国长春铁路管理局在哈尔滨开始工作，中长铁路理事会、监事会的苏方主要管理专家都住在这幢楼内。

1952年9月15日，中长铁路移交中方管理。为解决即将到任的哈军工苏联专家住房问题，陈赓起草了一份给周恩来同志的报告，向铁道部要大和旅馆。经周恩来同志批示，该建筑划归哈军工使用。1953年，哈军工苏联顾问团的第一批成员入住该楼。1957年，苏联顾问团首席顾问奥列霍夫中将因工作劳累过度在此不幸去世。值得一提的是，1955年钱学森与陈赓会面就在大和旅馆的顿河餐厅，在这里，两人进行了著名的“经典问答”对话，成为我国“两弹一星”历史的一段佳话。1960年，苏联顾问撤离哈军工，这里成为哈军工招待所，1966年哈军工退出军队序列，1968年哈尔滨铁路局将此楼收回。

大和旅馆顿河餐厅

# 37

## 哈军工教学大楼破土动工是在哪一天？

1953年4月25日，哈军工教学大楼破土动工，举行一〇三工地开工奠基典礼，陈赓院长亲临铲了第一锹土奠基，李懋之和松江省建筑公司经理边敬等同志随后铲土奠基。

1952年12月18日，哈军工营房建筑委员会成立，由李懋之副教育长任主任，营房处长张复明兼办公室主任，高步昆教授和殷之书分别任技术室正、副主任，委员包括徐立行、张述祖、张复明、张友亮、高庆魁、高步昆、殷之书、沈正功和一名苏联专家，计划于1953年建成建筑总面积10万平方米。学院的房屋设计任务由哈尔滨市建筑设计院承担，总工程师李光耀负责设计工作。

热火朝天的工地现场

# 38

## 哈尔滨文庙在哈军工的用途是什么?

哈尔滨文庙坐落于哈尔滨市南岗区，是一座正宗的仿清式古建筑群，建于1926—1929年。哈尔滨文庙占地面积25 000平方米，建筑面积5674平方米，是规模仅次于曲阜孔庙、北京文庙列居全国第三位的文庙，是我国东北地区面积最大、保存最完好、等级最高、建筑规制最全的一座祭祀孔子的庙宇。

1949年春，中国医科大学一分校和二分校合并组建了哈尔滨医科大学，哈尔滨文庙成为其校舍。1952年，哈尔滨文庙又被移交给哈军工使用，前院曾被作为苏联顾问团办公场所，中、后院为哈军工的图书馆的阅览室和书库、办公室，大成殿改为阅览室。1985年1月，经黑龙江省人民政府批准，于哈尔滨文庙创办黑龙江省民族博物馆，1988年9月正式对外开放。

哈尔滨文庙——哈军工图书馆

# 39

## 军事工程学院院报《工学》报名由谁题写？《工学》什么时候创刊？

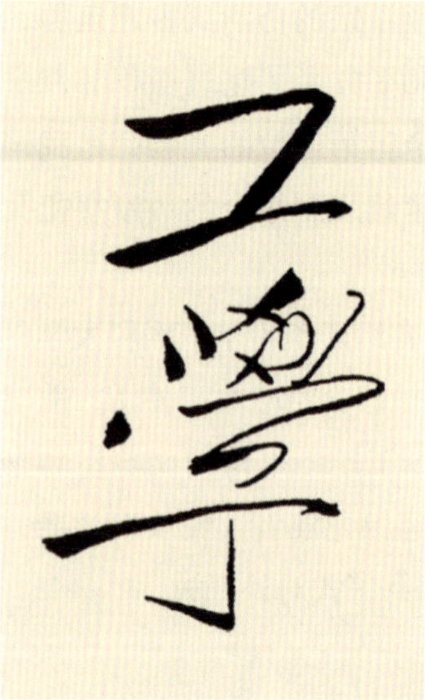

毛泽东同志题写的“工学”二字

军事工程学院院报《工学》的报名由毛泽东同志题写。1953年9月1日，《工学》创刊。

1953年7月10日，陈赓来到毛泽东同志办公室。汇报完学院筹建工作后，陈赓请求毛泽东同志为学院写训词并为院报题个报名。

毛泽东同志笑着说：“南京军事学院的报纸叫《军学》，你们的报纸就叫《工学》吧。只有两个字，不好抓别人当公差，我来写吧！”说着，他走到书桌边，挥笔写下“工学”两个苍劲有力的大字。1953年9月1日，《工学》创刊。报头显著位置是毛泽东同志的《训词》：“今天我们迫切需要的，就是要有大批能够掌握和驾驭技术的人，并使我们的技术能够得到不断的改善和进步。军事工程学院的创办，其目的就是为了解决这个迫切而光荣的任务。”

《工学》创刊后，陈赓多次嘱咐校报负责人：“你们一定要把《工学》办好！”院党委的工作会议，总编辑可以列席。每次开会之前，陈赓都会先询问《工学》报记者来了没有，足见他对校报工作的重视。那时，从院长陈赓到各级干部，从老教授到普通学员，几乎人人都看《工学》报。可以说《工学》报已经深深地融入了哈军工人的血脉，成为学院全体官兵的精神食粮。

“工学”二字，也与哈尔滨工程大学“大工至善，大学至真”的校训息息相关。“工”是工作、工程，是改造世界；“学”是学问、学习，是认识世界。谓“大”谓“至”，乃为极致；求“善”求“真”，达至高境界。它激励着一代代哈军工人在追求真理、探索世界的道路上不断追求卓越，奔向一流。

## 40

# 哈军工公布的《教学组织工作条例》包括哪些内容?

1953年9月5日，学院公布了《教学组织工作条例》，成为学院教学工作的根本遵循。其内容主要包括七章五十二条。如，第一章总则中阐明了军事工程学院的性质、任务，以及教学工作必须贯彻的方针和原则。第三章指出教学方式主要包括包括讲课、实验课、实物课、课堂讨论、课程设计、教练和野营等。第四章还对学员自学、互助、辅导和答疑进行了详尽的规定。

《教学组织工作条例》通过对教学计划、教学大纲、教材编写、教学过程检查、考核方式等教学环节的规定，全面系统地确立了学院教学工作的各项制度，对组织开展教学、管理教学秩序、保障教学质量提供了基本遵循的原则和制度依据；对教学组织的领导、具体实施、各级教学人员的职责，以及教学的目的、要求、任务与方法等都作了明确的规定，成为学院教学工作的准绳。依据这一条例，学院建立起92项教学制度，对教学过程进行规范化管理，包括教学计划的制订、执行、调整制度，教学大纲、教材的编写与审批制度，教学日历和课程表的编排制度，各种教学方式如讲课、实验、实习、见习等的具体要求，教学检查制度，考试考查制度，以及对教研室及其人员在教学科研中的任务和要求等。这标志着学院教学工作开始走上规范化、制度化的轨道。

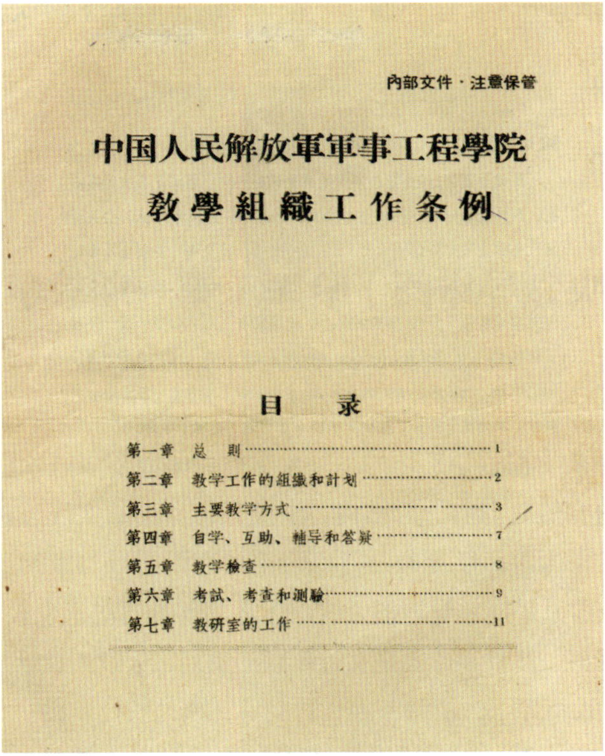

内部文件·注意保管

# 中国人民解放軍軍事工程學院
# 教學組織工作条例

目 录



《教学组织工作条例》

# 41

## 哪位中央领导审阅了哈军工第一期教学计划?

教学计划是学校教学工作的指导性文件，是课程设置的整体规划。它决定着教学内容的总方向、总结构，事关教育目标的实现。在共和国的历史上，只有哈军工第一学期教学计划经毛泽东同志亲自审阅过。一所大学的教学计划经国家最高领导审阅，这在世界高等教育史上也极为罕见。

哈军工的第一期教学计划是在首席顾问奥列霍夫、副首席顾问叶果洛夫及徐立行教育长指导下，由教务处长曹鹤荪、副处长任新民、李天庆具体制定的。1954年6月中旬，学院将重新调整的23个专业第一期教学计划上报中央军委。毛泽东同志审阅后批示“照发”。8月30日，刘居英副院长向全院传达经中央军委批准、毛泽东同志亲自审阅的教学计划。这个计划是仿照苏联军事工程技术院校五年或五年零八个月的教育计划拟订的，因部队急需技术干部，故将学制压缩到四年。总学时为5 200~5 400学时，比国内大学多600~700学时，专业课也多于国内其他大学。

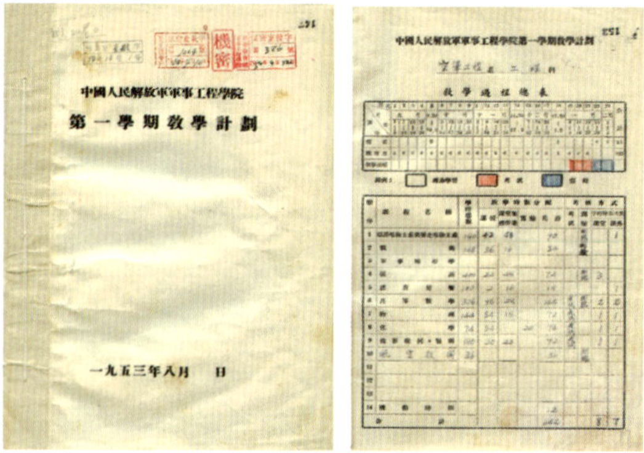
中国人民解放军军事工程学院
第一學期教學計劃
一九五三年八月 日

哈军工第一学期教学计划

# 42

# 哈军工第一期教学计划中，陈赓院长对培养目标加的“四条批示”是什么？

哈军工第一期教学计划中，陈赓院长对军事工程师加了“四条批示”，精准描述了哈军工要培养什么样的人这个问题。这“四条批示”是：走出我们哈军工大门的毕业学员，他们必须是政治上坚定，无限忠于党和人民，忠于祖国，具有高度爱国主义和国际主义精神的军事工程师；他们必须是精通并善于使用本兵种技术兵器，能够独立完成工程任务，并具有高度组织纪律性、较高文化程度和一定军事素养的军事工程师；他们必须是忠诚老实、勇敢顽强，富于主动性、警惕性，不怕困难并善于克服困难的军事工程师；他们必须是能够教育与培养其部属、体格坚强、能忍受军事勤务中一切艰难困苦的军事工程师。

这“四条批示”强调培养的军事工程师政治立场坚定，忠诚为人民服务的政治属性；要求掌握专业技能，完成工程任务，具备军事素质的专业属性；想要培养坚韧不拔、主动作为的个人品质；具有教育培训和身体素质的组织属性和身体属性。它全面地概括了哈军工培养军事工程师的目标要求——不仅专业知识与技能扎实，更要政治可靠；既具备过硬的专业作风，又要具备优良的革命传统；不仅能独立工作，更要具有组织管理和教学能力。

这“四条批示”清晰地描绘出了哈军工培养的军事工程师的形象，充分地体现了哈军工培养的人应该肩负的崇高使命。

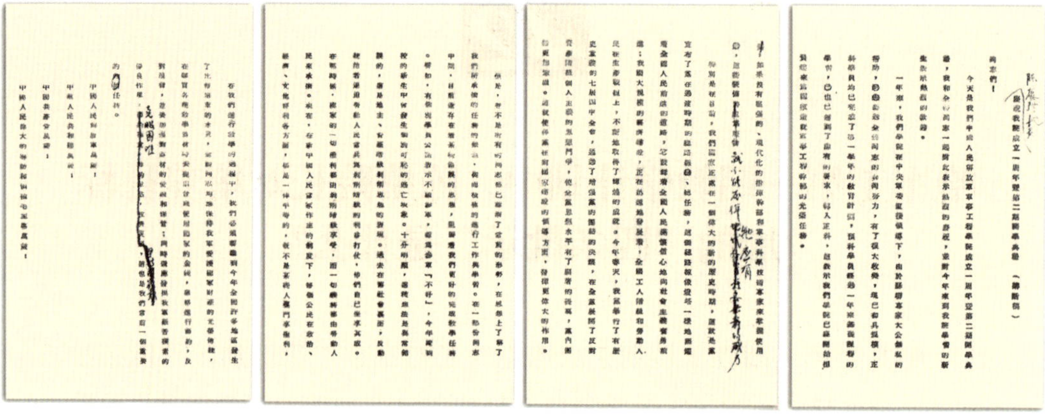

陈赓院长在学院第二期开学典礼上的讲话记录

# 43

## 哈军工院长咨询机构的名称是什么?

1955年12月2日，经中革军委批准，学院成立院长咨询机构——院务委员会。院务委员会的任务是审查和讨论全院的教学工作、科学研究工作及其他工作中的重大问题，提出意见建议。其工作计划包括讨论审查科学研究工作计划，翻译出版工作计划，课程设计、毕业设计的准备与实施，研究生培养等。第一届院务委员会委员105名，主任委员为陈赓，副主任委员为刘居英、刘有光、徐立行，李天庆、商燮尔为秘书。

院务委员会成立大会

# 44

## 哈军工建院初期的教材是怎么产生的?

哈军工是我国历史上第一所高等军事技术学校，建校初期，国内极缺军事工程技术的通用教材，加上新专业的不断增加，教学计划、课程设置、教学大纲频繁变动，哈军工编写教材的任务十分繁重。哈军工的教材绝大多数都是教员自己编写而成的。通过自编教材，既满足了严格、严谨、严密的教

学员们在图书馆阅览室(文庙大成殿) 读书学习

学需要，又锻炼和培养了大批教师，为学科建设打下了坚实的基础。

当时解决教材的主要途径是：一选二编，以编为主，随编随印。基础课、专业课的教材在苏联有关军事工程技术院校教材的基础上，由教授会自编讲义，然后逐步整理为正式教材。随着时间的推移和教学内容的相对固定，各门课程的教材则根据专业培养目标和教学大纲的要求进行编写，力求反映先进的科学技术水平，充分利用科学研究工作的新成果。在编写的组织上，选编结合、严格审查，保证教材的质量。至1956年底，学院共编写教学大纲700种，编写讲义、教材及其他书籍2 590种，翻译各种外文资料338种。

# 45

## “教书教人”的教育理念是什么时候提出的?

1955年1月31日，学院召开第二届教学方法研究会议。学院领导在讲话中提出“教书教人”的理念，要求教师树立为学员全面负责的观念，全心全意为学员服务。“教书教人”是哈军工一贯秉承的教育思想。它一方面要求教师既管教，又管学，向学员传授知识的同时帮助学员把知识真正学

第二届教学方法研究会议开幕

到手；另一方面要求教师既教书，又教人，不仅向学员传授知识，同时向学员灌输共产主义思想，引导学员走又红又专的道路。在日常学习、生活中对学员严谨、严密、严格要求，是教员对学员全面负责、为学员的成长成才倾注全部心血的无边大爱。

“教书教人”是哈军工的办学传统，也是其留给后人的宝贵精神财富之一。陈赓院长在创办我国第一所高等军事技术学府——哈军工的过程中，还形成了体系完整的办学思想，“善之本在教、教之本在师”为核心的治校理念，“教书教人”为基本原则的育人理念，“一中二主三严”（以教学为中心，以学员为主、以教师为主，严谨、严密、严格）为主要内容的教学理念，“一切为了学员”学生工作理念等一整套办学治校方略。在陈赓重视、信任、关心知识分子的作风影响下，哈军工上下形成了“两老办院”及“一切为了学员”的好风气。

# 46

## 哈军工哪些教授是钱学森的学生？

哈军工的罗时钧、庄逢甘两位教授是钱学森的学生。

罗时钧，1923年出生于南昌，空气动力学家、航空教育家，中国空气动力学学科奠基人之一。他于1948年入美国加州理工学院航空系攻读博士学位，师从钱学森，是钱学森的第一个博士研究生，1970年随空军工程系调西北工业大学。他长期从事跨声速空气动力学与大迎角空气动力学的教学和研究工作，较早将计算流体力学应用于我国的超声速飞机设计，在大迎角气动力计算方面取得了重要成果。他编写了中国第一部中文空气动力学教材，编写了空气动力学讲义十余种，发表学术论文百余篇，先后指导研究生几十名，为中国空气动力学学科的发展做出了杰出贡献。他曾任西北工业大学副校长，获1977年陕西省科研成果奖，1978年参加全国科学大会，获科研成果奖和先进工作者奖。2023年1月10日逝世，享年100岁。

庄逢甘，1925年出生于常州，空气动力学家。1952—1957年，庄逢甘任哈军工教授，1956年从哈军工调入国防部五院，长期从事导弹、火箭及再入飞行器的空气动力学研究试验和计算空气动力学的研究工作。他在空气动力学学术研究方面，以及在组织和领导空气动力学的试验基地建设、解决多种飞行器的气动力设计中的关键技术方面取得诸多成就，在空气动力学界及科学技术界担任了许多重要职务，对我国航空、航天事业的发展有重要影响，是我国空气动力学学科研究的主要倡导者和技术领导者。他于1980年当选为中国科学院学部委员（现为院士），1985年被选为国际宇航科学院院士，2010年11月8日逝世。

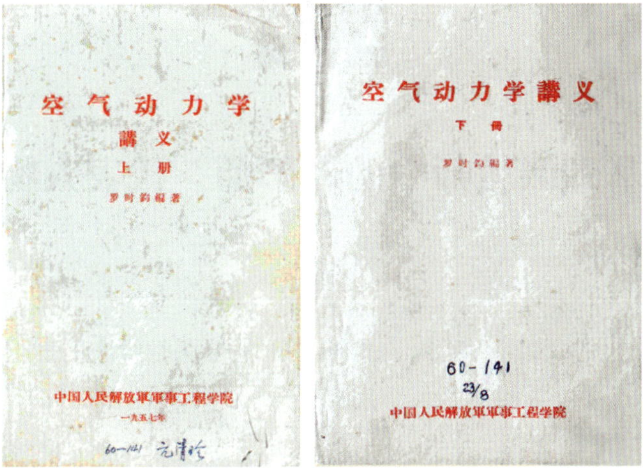


罗时钧编著的《空气动力学》讲义

# 47

## 哈军工基础课教师中的“严师”代表人物是谁？

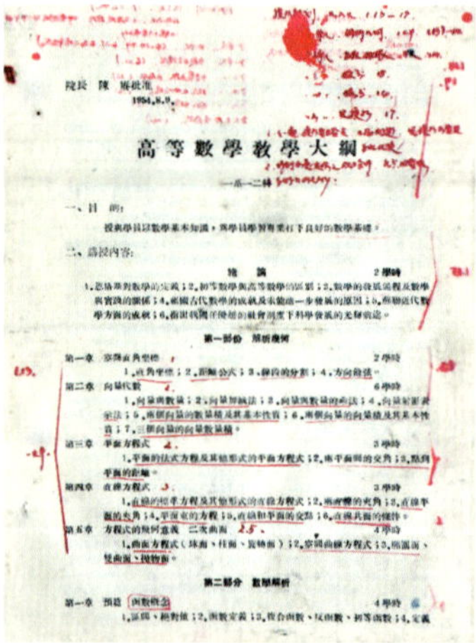
1954.8.9.

高等數學教學大綱

第一部份 解析幾何

第二章 向量代數 6學時

第三章 平面方程式 3學時

第四章 直線方程式 3學時

第五章 方程式的幾何意義 二次曲面 4學時

高等数学教学大纲

哈军工基础课教师中的“严师”代表是卢庆骏。

1936年，卢庆骏从浙江大学数学系毕业之后，受到其老师即中国数学界、教育界泰斗苏步青教授的举荐，留校任教。1952年哈军工成立的时候，在浙江大学有十几年任教经验且在国内数学教学界已经很有名气的卢庆骏便奉调来到哈军工任教。

卢庆骏受到在法学界工作一生的父亲影响，自小便时刻把“认真读书，实诚做人”的家训放在心头。他来到哈军工之后，任数学教授会主任、教授。在这一阶段，他不仅坚持自己严于律己的习惯，严格要求自己，严格要求学生。他所提出的“严谨、严密、严格”的“三严”作风，一度成为当时哈军工教风的标志。

为了让拔尖的青年教师进一步深造，卢庆骏决定办数学讨论班，按苏联副博士的标准，引导他们攻读高层次的数学著作。他先让大家自学，认真阅读，独立钻研，然后一个月轮流作一次读书报告，在讨论班上当众报告论文。卢庆骏对报告要求很严，常常边听边问，讲到定理会要求证明，讲到基本概念，也会问很多个为什么。教师回答对了继续讲，回答错了，他轻声说："不讲了，回去重新准备。"青年教师们丝毫不敢怠慢。这个讨论班一直办到1957年才结束，坚持到最后的只有四位：戴遗山、汪浩、张金槐、吴洪鳌。卢庆骏教授一手培养出来的这些青年教师，在今后的教学工作中都做出了重要贡献，而且在科学研究上也成绩斐然。

我国应用数学家、曾任国防科学技术大学政治委员的汪浩少将回忆道，一次自己因为板书中的"的"字没有写右边的"勺"字而被卢教授当面指出，这给他留下了很深的印象，以后再也不敢马虎。曾任教哈尔滨工程大学的戴遗山教授在回忆卢教授的严格时也说道："有一次，卢教授去外地开会，行前指定我们读一篇重要论文，这是一篇很长而且很难读的论文。几天后，他返回学院，见面就问大家读得怎样？我们说，工作太忙还没读完。他便批评说，我是在火车上读完的，你们不抓紧时间。大家听了都很惭愧，我从卢老师那儿学到的东西是够我一辈子受用的。""严谨、严密、严格"说起来简单，做起来却需要丰富的积累和沉淀，需要有大家风范和气度，需要有坚持的态度和职业操守。

卢庆骏教授提出的"三严"作风是对教学的严谨要求，是对学生的无边大爱，也是对哈军工优良传统的最佳诠释。正是在这种从对"传道授业"的教师开始的严格要求，哈军工从严治校，老师们把"三严"教风贯穿于教学的每一个环节，时刻严格要求自己，严格要求学生，培养出了一代代学有所成、研有所就的哈军工传人，铸就了哈军工的传奇。

# 48

## 哈军工师资队伍建设中的“借鸡生蛋”是怎么回事?

1954年，已有两届学员入校的学院师资严重缺乏，学院对各系教授会最急需的教师人数进行了核查，提出一个请调500名专业教师的方案。陈赓向周恩来同志汇报后，总理说：“500人数量太大，国家没有那么多教授给你们，只能给几只母鸡，自己去下蛋；给点种子，自己去培养。”最后周恩来同志指示，分批从全国抽调120人给哈军工，由教育部与学院具体商定。

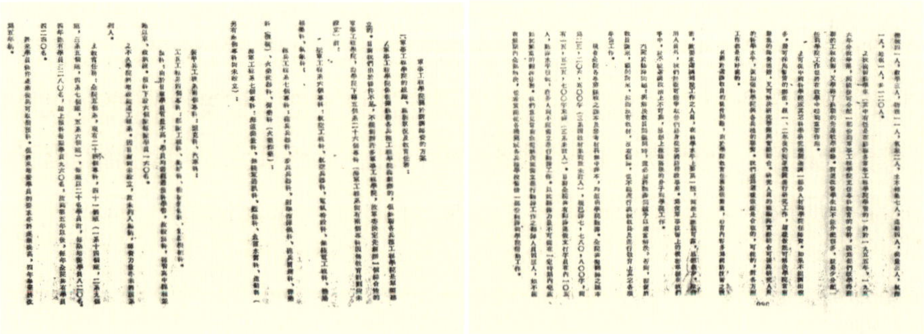

关于请调师资的方案

“大师引领，借鸡生蛋”，成为学院能迅速培养起大批专业教师的一条宝贵经验。学院通过举办助教培训班、副博士讨论班，在大师引领下，迅速培养起自己的教师队伍。1954年1月28日下午，学院第一届教学方法研究会议开幕。上级机关和军内外兄弟院校50多名代表参加了会议。会议提出教学工作必须遵循的四条原则：要以高度思想理论水平讲课，要在教学工作中发扬集体主义精神，要贯彻理论联系实际的原则，要培养学员的独立工作能力。应邀参会的各个高等院校的代表深深感叹，学院正式开学不到两年，却已基本步入了正规化的教学之路。

# 49

## 什么是“专家教教员，教员教学员”？

哈军工建院初期，我国极度缺乏掌握先进军事工程技术的教授、专家和教员。因此，学院每个系中的每个专业教授会（教研室）都至少配备了一名苏联专家。苏联专家首席顾问奥列霍夫认为，哈军工的苏联专家不直接进行授课，而是帮助中国教员备课，主要依靠中国教员自己努力，加强教学，形成“专家教教员，教员教学员”的模式，这与苏联专家在我国

在空军工程系工作的苏联专家

其他学校对高等教育的支持方式完全不同。“授人以鱼不如授人以渔”，这种方法更有助于教师的培养与成长。只有这样，中国教师才能够独立授课，撑起各个专业的一片天。青年教师在苏联专家指导下，通过制定学科建设规划，修订教育计划和教学大纲，了解专业教育的基本内容；通过翻译苏联教材、编写讲义、备课、试讲，系统地掌握了专业理论。在前期的教学中，苏联专家为学院提供了部分专业教材并指导备课，要求在教师中执行严格的试讲制度，直到试讲过关才能给学生上课。事实证明，“专家教教员，教员教学员”的教学模式是有效且成功的，哈军工成立后短短的几年时间里，就培养出了自己的高水平师资队伍。

# 50

## 哈军工“三严”作风的内涵是什么？

哈军工“三严”作风是指“严谨、严密、严格”。

严谨，集中体现在要求教员、学员在科学求实、态度认真上严谨，研究问题要采取严谨的科学方法，工作作风细致严谨。严密，既包括在组织管理上严密合理，也包括各项工作落实和执行上严密统一，在保密工作上严密、严格。严格，是指教员、学员要对自己学习、工作、生活各个方面严格要求。

哈军工数学教授会主任卢庆骏是践行“严谨、严密、严格”作风的突出代表。这三个词是对他教学风格最精准的概括。“严格、严谨、严密”的“三严”作风总体反映了哈军工的工作作风和治校精神，是学院发展的重要价值观，对积淀学院严谨的学风发挥了重要作用。

海军工程系教员与学员座谈

# 51

## “少而精”的教学原则包括哪些内容?

“少而精”的教学原则包括：

（1）“少而精”是大学教育的基本特征，是提高教学质量，减轻学员学习负担，培养独立工作能力的重要保证；

（2）“少而精”的核心是“精”，精不是教学内容的浓缩，也不是越少越好，而是根据培养目标，把课程基本的内容讲清、讲透，给学员以入门的钥匙，让他们自主学习，举一反三；

推广郭兴福和郭兴福式的
教学方法材料汇编

（3）贯彻“少而精”教学原则的根本依靠是教师业务水平的不断提高，教师业务水平越高，教学经验越丰富，“少而精”原则的贯彻就越有保证。

# 52

## 哈军工首批研究生导师是哪几位？

1955年，学院党委从加强教师队伍建设、提高青年教师素养、增强教学科研后劲的战略目标出发，做出培养研究生的决定。首席顾问奥列霍夫建议："用培养研究生的形式建立学院自己的培养科学教育干部的制度。"为此，学院科教部制定了《研究生班暂行条例（草案）》。"确保质量，宁缺毋滥"的原则贯穿于哈军工研究生工作的始终。当时全国高等院校培养研究生的工作均处于起步阶段，军队院校更是如此。

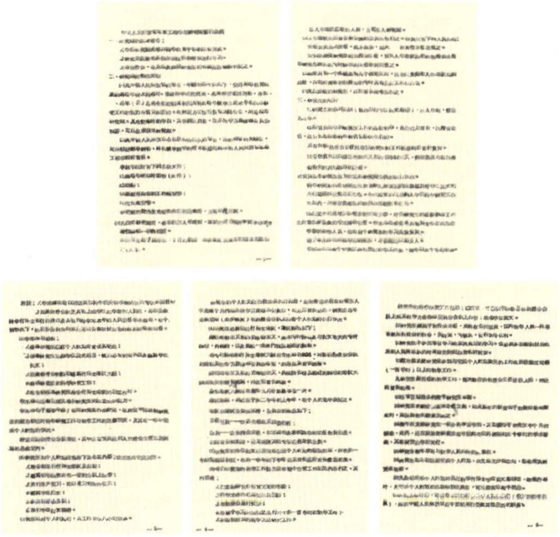

学院颁布的《研究生班暂行条例（草案）》

1955年，哈军工首批在海军工程系招收3名研究生，赵国华教授、胡寿秋教授、慈云桂副教授担任首批研究生导师。1955—1965年，学院共招收6批50名研究生（1955年3名，1956年15名，1961年4名，1963年3名，1964年13名，1962年12名），人数虽少，却在研究生的培养工作中起到了开路的作用。学院招收研究生的指导思想是严格挑选，宁缺毋滥。学院对研究生的要求很严，在研究生培养过程中随时注意考察，发现问题就严肃处理。

# 53

## 刘居英何时调任哈军工任副院长并主持学院工作的？

刘居英

刘居英于抗美援朝战争结束后，1954年2月调任哈军工任副院长。1961年陈赓去世后，刘居英接任院长。1966年4月1日，学院集体转业归属地方，刘居英是唯一脱下军装没有调到其他部队的院领导，任哈尔滨工程学院院长、党委书记。

刘居英作为哈军工第二任院长，在学院办学初期，是陈赓院长的主要助手和接班人。1957年，他明确提出了哈军工人才培养的四个目标：一是军事指挥部队的技术指挥员；二是国防工业工厂的军代表；三是国防科研院、所的研究人员；四是各兵种院校的教师。由此形成了一套国防现代化精英人才培养的完整体系。此外，刘居英还积极推动新学科、尖端专业的发展建设；潜心探索国防科技教育的规律，提出“抓班风”等一系列哈军工独特的办学理念，坚持从严治校，在教师和学员中倡导“严谨、严密、严格”的三严作风。

在哈军工期间，刘居英贯彻陈赓院长的办学思想，励精图治，鞠躬尽瘁，为国家培养出大批栋梁之材，使哈军工跻身全国著名高校前列，做出重要贡献。

# 54

## 首席顾问奥列霍夫对哈军工的办学做出了哪些贡献？

奥列霍夫是苏联人民优秀的儿子、伟大的国际主义战士、中国人民亲密的朋友。作为哈军工苏联首席顾问，他以高度的国际主义精神和不倦的劳动，渊博的科学技术修养及丰富的组织领导军事工程技术教育工作的经验，有力地支持了哈军工的创立和建设。从校舍建设到学院所取得的一系列成绩，无不饱含着他辛勤的劳动和宝贵的贡献。奥列霍夫为哈军工的建设呕心沥血、鞠躬尽瘁。他在工作手记中这样写道：“苏联顾问在学院的任务，在于帮助中国同志能独立地掌握教学及科研全部过程。”奥列霍夫对中国人民、中国军队赤诚坦白的襟怀，成为哈军工后继者永远的怀念。

奥列霍夫本已完成全部工作可提前回国，但他坚持要等到第一期学员毕业后再走，却不幸心脏病突发，于1957年3月27日在中国逝世，享年55岁。他对哈军工的办学做出的贡献集中体现在：奥列霍夫组织制定了学院的《教学过程组织基本条令》，这是规范学院教学规程和教学秩序的纲领性文件，为哈军工的办学奠定了坚实的基础；奥列霍夫建议空军工程系设置航空工程科、电器与特种装置科、无线电技术科、航空兵器科、机场建筑科、气象科6个专科，空军工程系就是按照这个方案配置了干部和教员。这个专业设置方案为将来空军工程系独立分建兵种学院奠定了基础，成为了兵种学院的雏形；奥列霍夫对海军工程系专业设置也给予了指导，他起草制订的《海军工程系五年（1955—1959）发展计划》，符合当时中国海军发展的实际需要，是指导海军工程系教学和科研的战略性文件；奥列霍夫提出的“不仅使学院成为培养军事工程干部的教学中心，而且要使学院成为军事科学技术思想的研究中心”的建议，对哈军工的办学定位起到了决策支撑作用。

在1954年1月28日召开的学院首届教学方法研究会上，首席顾问奥列霍夫作了长篇发言，其中心思想是提出要把学院建成教育和科研两个中心，在这两个中心中，应重点发展无线电电子学。他所说的无线电电子学即电子信息技术，这是他洞察科学技术发展的前沿及趋势，审时度势，为哈军工指明的办学方向和学科发展方向。哈军工自1958年起就开展了电子计算机技术的研究和教育，1961年建立电子工程系，1966年建立电子计算机系，这在国内高校中都是领先的。历史证明，奥列霍夫的办学思想是具有远见卓识的。

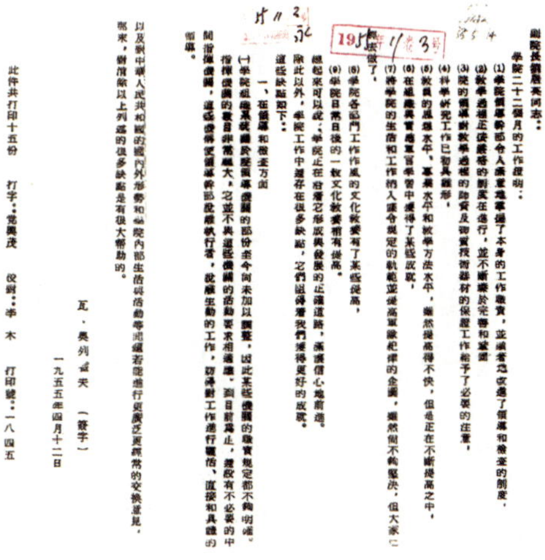
副院長劉居英同志：
學院二十二個月的工作證明：
(1)學院領導幹部令人滿意地掌握了本身的工作職責，並滿意地改進了領導和檢查的制度，
(2)教學過程正按嚴格的制度在進行，並不斷臻於完善和鞏固
(3)院的領導對教學過程的師資及物質技術器材的保證工作給予了必要的注意，
(4)科學研究工作已初具雛形，
(5)教員的思想水平、專業水平和教學方法水平，雖然提高得不快，但是正在不斷提高之中，
(6)在組織與實施軍官學習中獲得了某些成就，
(7)將學院的生活和工作納入條令規定的軌範並提高軍隊紀律的企圖，雖然做得不夠堅決，但大家已經做了，
(8)學院各部門工作作風的文化較要有了某些提高，
(9)學院日常日後的一般文化較要稍有提高。
總起來可以說，學院正在沿着它形成與發展的正確道路，滿懷信心地前進。
除此以外，學院工作中還存在很多缺點，它們阻礙着我們獲得更好的成就。
這些缺點如下：
一、在領導和檢查方面
(一)學院組織系統關於各領導機關的部份至今尚未加以調整，因此某些機關的職責規定都不夠明確。指揮機關的數目非常龐大，它並不與這些機關的活動要求相適應。到目前爲止，還設有不必要的中間指揮機關，這些機關使領導幹部脫離執行者，脫離生動的工作，妨礙對工作進行領導、直接和具體的領導。
以及對中華人民共和國的國內外形勢和學院內部生活與活動等問題着能進行更廣泛更經常的交換意見，將來，對於你以上列舉的很多缺點是有很大幫助的。
瓦·奧列霍夫（簽字）
一九五五年四月十二日
此件共打印十五份　打字：党興茂　校對：李木　打印號：一八四五

奥列霍夫关于军事工程学院不能以
地方大学作为效仿对象的建议

# 55

## 哈军工如何开展学员的思想政治工作?

哈军工学员的思想政治工作主要依靠专科干部进行。政治部依靠各系按专业建立的专科这一基层行政组织和专科党、团支部，在学员中开展多种形式的思想政治工作。在工作开展中，专科干部积累了丰富的思想政治

志愿军三兵团十五军军长秦基伟来学院作报告

工作经验：首先，专科干部必须树立热爱学员、全心全意为学员服务的根本态度，深入学员学习、生活的各个领域，多方面、多层次地了解学员，关心、体贴学员的学习、生活、家庭困难和疾苦，千方百计为学员排忧解难，逐渐同学员建立起深厚的革命感情；其次，是把对学员的管理与教育统一起来，把关心爱护与严格要求统一起来，把“严格”与“合理”统一起来，把以理服人与以情感人统一起来，把言教与身教统一起来，把育人和自我成长学习结合起来；再次，是加强专科党、团支部建设，经常做党的发展工作和开展团支部输送优秀团员入党的活动，以党支部为核心，依靠团支部、俱乐部和党员、团员、非党积极分子，组成思想政治工作队伍，使思想政治工作具有群众性；最后，与任课教师互通信息，密切配合，努力提高自己的军政素质和文化科学水平，学习专业知识，熟悉专业教育计划，了解所设课程的意义、特点和内容梗概，使自己逐步成为专科工作的内行。

# 56

## 哈军工著名的“培养良好班风”的报告主要内容是什么?

1963年11月22日，学院政治部经过调查研究，召开学员队干部政治思想工作会议，分析当前学员的思想情况和改进学员队政治思想工作的办法。刘居英院长在会上做了“培养良好班风”的报告。报告指出：“作风好比土壤和气候，学员好比青苗。有什么样的土壤和气候，就长什么样的庄稼。良好的班风有两方面的内容，一是良好的政治风气，二是良好的学

学员科学研究成绩展览

习风气。良好的政治风气就是我们所说的正气，有了它，坏人坏事就吃不开，一露头就会受到群众的抵制；良好的学风，是指明确的学习目的，端正的学习态度，学习的艰苦性和严肃、严谨、严密的作风。学习风气，归根到底，还是政治风气；学风问题，实质上是思想问题。学习态度和学习方法好坏，要看思想面貌好坏；没有革命志气的学员，不可能学好。革命的志气是革命人生观的重要部分。要在学员中提倡树雄心，立大志，攀登科学技术高峰，为社会主义事业做出贡献。”“培养良好班风的办法是开展经常性、群众性的批评与自我批评，及时而经常地表扬好人好事，严格要求先进分子，热情帮助后进同志，树立改造后进的典型，用典型带动一般。每一个队干部都要有高度的政治责任心，严格要求自己，严格要求骨干分子，严格要求学员中的党员，以身作则，处处表率。”

# 57

## 59-111 班是什么样的班级？

59-111班是哈军工学习的先进集体典型。“大跃进”期间入学的59-111班学员，文化程度参差不齐，学习成绩差，但凭借着他们自觉的学习热情，克服困难的信心和勇气，党员骨干带头，学习成绩从年级最差变为年级之冠。1963年9月18日，《工学》报刊登《沿着又红又专的大道前进》的文章，总结了59-111班学习的四条经验。

一是为革命而学的目的十分明确。他们说：“学习是党交给我们的战斗任务，学院就是战场。”全班所有接到家长介绍对象和收到求爱信的学员，都以“我还年轻，要集中精力学习，不谈恋爱”的话谢绝了。

二是不甘落后，打翻身仗的决心坚不可摧。他们全身心地投入学习，不放弃一点一滴可以用来学习的时间。星期天一般没有人上街，个别不得不外出的就替全班同学办事。他们把寒暑假视为有计划学习的最好时机，每年春节期间，总有半数人不回家。他们天天参加体育锻炼，健康状况居全年级第一，无人生病，学习精力充沛。

三是自觉培养严格、严谨、严密的作风，自己给自己出难题。考试不以得满分为满足，而以真正学懂、学会为标准。对于作业，首先是自我把关，然后是课代表把关，不符合要求的作业本，根本到不了教师手里。听课从不轻易接受教师讲的每一个结论，总是要经过自己的反复验证才放心。他们说：“未经自己深入思考过的问题，别人讲得再明白，也未必能理解得透。”

四是关心国家命运，关心人民疾苦。他们常说：“国家有灾荒，人民有困难，我们学习条件这么好，不努力学习，对得起谁？”他们在刻苦学习的同时，参加生产劳动，勤俭节约，尽量减轻国家和人民的负担。

工學　第三版

沿着又紅又专的大道前进

介紹59—111班的先进事蹟

《工学》报刊登的文章《沿着又红又专的大道前进》

# 58

## “泻大肚子”事件是怎么回事?

在全国高校“大跃进”、争办“万人大学”的背景下，各军兵种纷纷提出“跃进计划”，要求学院3年内向各军兵种输送5万名工程师。1959年，学院招生2 175名；1960年，学院招生2 909名；1961年，学院招生2 240名。不仅数量剧增，而且其中很多学员是以跃进标兵、养猪模范、生产能手的身份被保送到学院的，学习十分吃力，学习成绩较差。

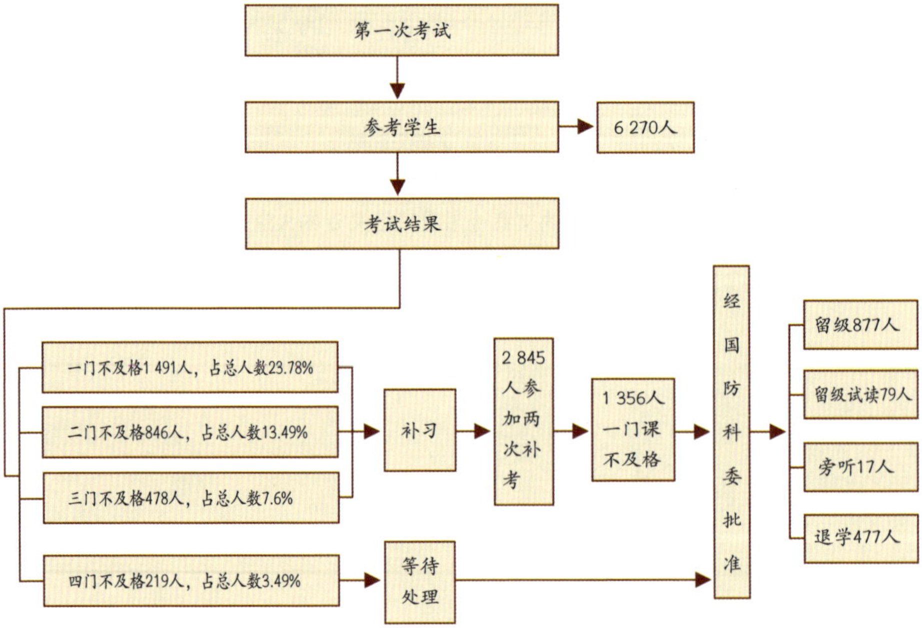

尽管从1961年开始学院增加了教学时间，加强对这部分学员的辅导，学员也很用功，但仍有部分学员由于文化基础太差，改变不了学习上的被动局面。为了保证学院的人才培养质量，1962年，学院采用考试的办法，慎重地处理了一批学习成绩不合格者或者学习十分吃力、经动员自愿退学的学员。这个事件在学院的办学史上被称为“泻大肚子”事件。

# 59

## 哈军工哪一位学员以“人在阵地在”的精神努力学习？

哈军工以“人在阵地在”的精神努力学习的标兵是工兵工程系一期学员谭国玉。

1953年，很多学员都是部队保送到军事工程学院来深造的，战斗英雄谭国玉就是其中之一，但他在入学之前文化程度只有初中一年级。在新生大队文化补习教育期间，谭国玉对所补习的高中数理化课程一窍不通，上课听不懂，下课看不懂，作业也不会做。头两个月测试，谭国玉没有一门功课及格，后来按照文化程度重新编班考试，5门功课也没有一门及格。苏联顾问团对于学院招收这样的学生感到十分不满，直接指出：“这里是高等学府，怎么能收初中一年级的学生呢？”陈赓并没有让其退学，而是对他投入了更多的关爱。陈赓了解到谭国玉17岁就参加东北抗日联军，解放战争时期参加过辽沈战役，从东北一直打到广东，多次立下赫赫战功，是个年轻的老兵。陈赓院长看准谭国玉是块好钢，四次找谭国玉谈话，破格允许其以试读生的身份进入工兵工程系三科学习。

经过陈赓院长的鼓励，谭国玉以“人在阵地在”的劲头攻文化堡垒。白天，他和全班同学一起系统地补习初中和高中数理化知识；晚上熄灯了，他就一个人溜出宿舍，站在走廊、过道、锅炉房等有灯的地方学。由于经常整夜不睡觉，谭国玉的身体扛不住了，经常昏倒。他虽然瘦成了皮包骨头，但最终在一年预科文化补习结业考试中，考取了入学以来的第一个3分（数学）。在以后的日子里，谭国玉不但一如既往地刻苦努力，而且更加注意改进自己的学习方法。他在本科第三学期消灭了3分，第四学期考试所有功课都得了5分，而且从此以后再也没有出现过4分。苏联顾问对谭国玉竖起大拇指，佩服地说："在谭国玉同志的身上，我看到了中国人民解放军是战无不胜的。"

谭国玉：本科毕业后被分配到总参工程兵部工作，送苏联古比雪夫工程学院攻读副博士学位；1964年4月起任军委工程兵技术装备研究所研究室副主任、主任，科技处处长，研究所副所长、所长；1984年11月至1986年12月任总参谋部工程兵部副部长；1986年12月任中国人民解放军工程兵指挥学院院长；1988年被授予少将军衔；2009年8月2日逝世。

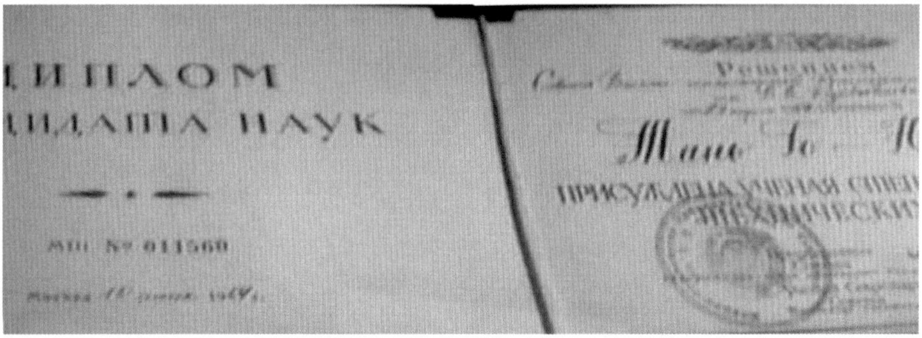

谭国玉留学苏联获得的副博士证书

# 60

## 除一门功课是 4 分，其他各门功课都是 5 分还要求参加补考，取得全优的学员是谁？

这位优秀的学员是哈军工一期学员罗培林。罗培林具有很好的文化基础。本科第三学期结束时，罗培林除了物理是上等（4分）外，其余课程都是优等（5分）。其专科主任冯捷动员罗培林参加物理补考，要求罗培林作为班长，又是支部书记，应该争取全优，为同志们树立高标准、严要求的榜样。从来都是成绩不及格的学生参加补考，罗培林却成了因为成绩不是优等而参加补考的人。经过一个假期的复习，罗培林参加补考考

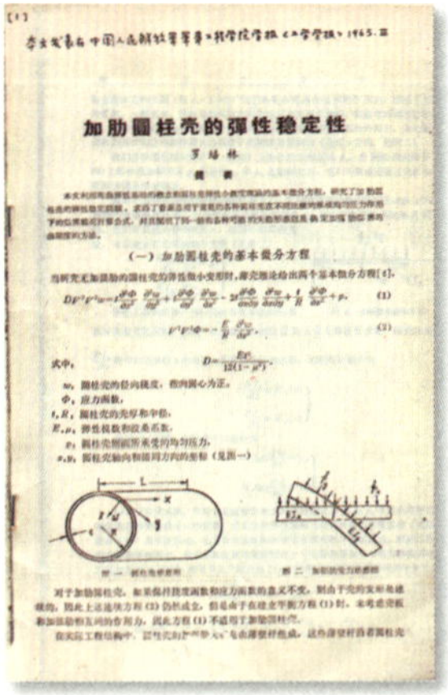
加肋圆柱壳的弹性稳定性

罗培林

(一) 加肋圆柱壳的基本微分方程

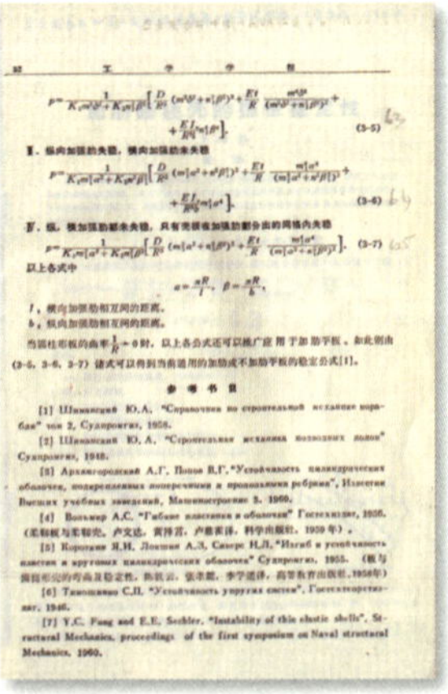
以上各式中

参考书目

[7] Y.C. Fung and E.E. Sechler, "Instability of thin elastic shells", Structural Mechanics, proceedings of the first symposium on Naval structural Mechanics, 1960.

罗培林发表在《工学学报》的论文《加肋圆柱壳的弹性稳定性》

试，取得了优等（5分）的成绩。补考事件给罗培林留下了深刻印象，在今后的学习中，都自觉地树立起精益求精的标杆。罗培林1957年毕业后留校任教，1958年被选派赴苏联学习，以优秀学员身份成为哈军工第一批留苏研究生，获苏联工学副博士学位；1971—1988年，担任获得国家科技进步奖一等奖的我国第一艘“7103深潜救生艇”研制组副组长，1971—1978年主持该艇设计工作，是享受国务院政府特殊津贴专家。

# 61

## 哈军工都采用过哪些考试形式?

哈军工之所以成为名校，与她的三严作风密不可分，其中就包括严格的考试制度。口试考试是哈军工的特色，是学习苏联的考试形式。哈军工学员从预科到本科，从本科到毕业，每一次考试都有被淘汰的。以第一期学员为例，入学时为1 010人，升到本科时为795人，到1957年毕业时只剩664人。口试考试对学员来说是一场真刀真枪的战斗。

口试考试的考场安静而庄严。面对一丝不苟的考官，学员们的紧张可想而知。虽然哈尔滨的夏天不是很热，但40分钟一场的口试下来，学员们也是汗湿衣衫。由于紧张，有的学员甚至将“主考同志”喊成“主考大人”。作为以全优成绩毕业的哈军工一期学员、制导系统工程专家、中国工程院院士的钟山，在多年之后看到自己参加口试考试的照片，对当时的场景依然记忆犹新。口试考试的时候，有两名主考教师，考题卡片由学员自己抽出。一次两名学员同时站在黑板前写答案。谁准备完谁先报告，得到主考老师允许后，开始回答考题卡的问题。老师根据回答的情况提问，以便弄清学员是否真懂、真会。学员公开回答，成绩集体评定，根本没有人情分可言，舞弊过关更是不可能。口试考试客观严谨地检验学生所学，培养其沉着冷静思考问题的能力，同时还能锻炼语言表达能力，可谓一举多得。

哈军工的考试形式大致经历了三个时期。1953—1957年是口试形式。1958开始，采取口试加笔试的形式，计算性强的课程采取笔试，理论性强的课程采取口试。1962年之后，取消了口试，全部采取笔试。

学员钟山（右）抽取试题卡

学员钟山（右）读试题卡

学员钟山（右）在黑板上答题

# 62

## 哈军工出台的《考试与测试实施办法》主要内容有哪些？

针对考试，哈军工出台了《考试与测验实施办法》，共十九条三十款，详尽规定了与考试相关的各个环节。比如：考试日程表须经院长批准，在考试前一个月公布；助教一般是没有资格主持考试的，考试需由任课教师或教授会主任主持；考试卡片的题目须经教授会会议审查，科学教育部部长批准或系主任批准方可实施。尤其在帮助学生备考方面的规定，更是体现了哈军工以学生为本的育人理念。

《考试与测验实施办法》中写道：在学员备考期间，教授会帮助学员的方法是个别答疑与集体答疑。其中，集体答疑是在教员普遍了解学员存在的问题，并进行充分准备之后方可进行。学员应在独立工作的原则下，制订个人复习计划。对于个别在学习中感到特别困难的学员，专科主任应与教授会联系，由教员给予个别辅导。

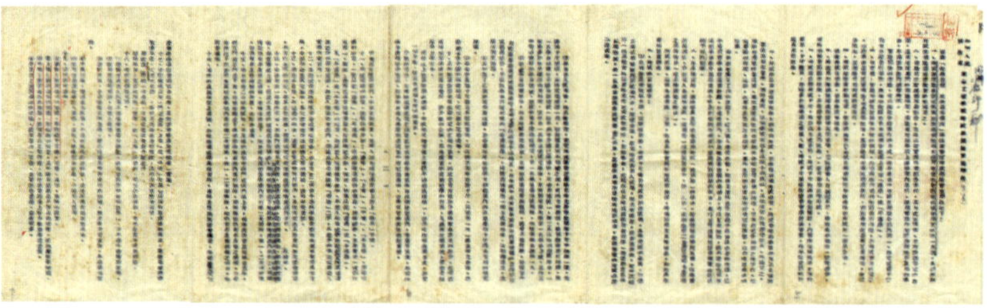

学院颁布的《考试与测验实施办法》

# 63

## 徐玉如的“潜艇操纵性”课程考试成绩为什么能被评为5分？

哈军工曾采取让学员自己出题，经教授审定题目后，自己答题的考试模式。会提问才会学习，会提问才能取得更大进步。哈军工的这种考试方式有效地激发了学生独立思考和解答问题的能力。

哈军工海军工程系第九期学员、智能水下机器人专家、中国工程院院士徐玉如就曾参加过这样的考试。在他毕业前一次期末考试，海军工程系决定在陈厚泰教员所讲的“潜艇操纵性”课程上进行教改试点，让学员们

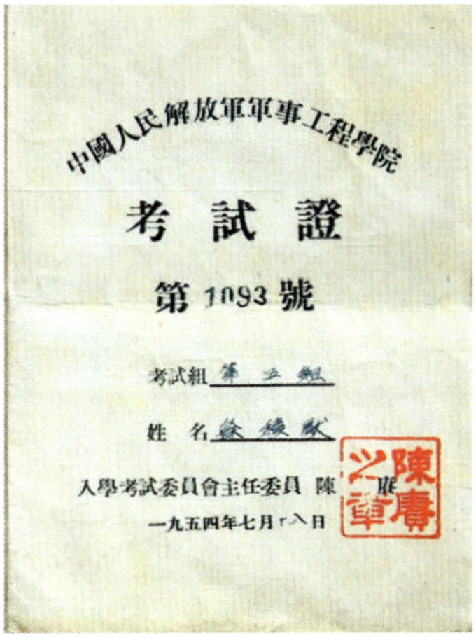


考试证

自己出题目考自己，但题目要得到教研室老师的批准。徐玉如给自己出了一道题，经过一个多月的设计、计算、实验、分析，题目才完成。经过反复思考，徐玉如得到三个结论，其中一个结论还不太正确。但陈厚泰老师仍然给了他5分的优秀成绩。陈老师对徐玉如说："你的结论与看法有些已超出了我的讲课范围。你的结论有自己的独立思考和见解，是通过独立做实验得出的，应该鼓励。"

这件事对徐玉如的震动很大，影响深远。在后来的教学生涯中，他传承了哈军工的教学传统，非常注重培养学生独立的见解和独立的看法。徐玉如曾说过："科学工作中很多是前沿科学，很多东西是无可借鉴的，经常是一个问题解决了后面十个不懂的问题又来了，始终处在一种探索、摸索的过程。我能在工作中坚持这种作风，要感谢哈军工对我的影响和教育。"

# 64

## 哈军工的教育工作者协会是做什么的?

1953年10月31日，在陈赓院长的倡导下，经总政治部批准，学院成立了由教授专家组成的教育工作者协会，周明瀓为主任委员，朱起鹤、卢庆骏、梁守槃、任新民、戈果为副主任委员。初期的教育工作者协会只限非军籍的教师参加，会员209名。1954年，教育工作者协会扩大到全校教师，任务也由政治学习和文化活动扩大到教学科研，各系都成立了分会，会员增加到1 570人。教育工作者协会负责组织会员学习马克思主义，向院领导反映意见，开展文化娱乐活动，协助行政组织解决教师生活福利问题等。此后，学院按不同的学科专业成立了教授会，教授会对哈军工教学计划的制订、教学内容的选取、培养目标的设定等起到了关键性的决定作用。

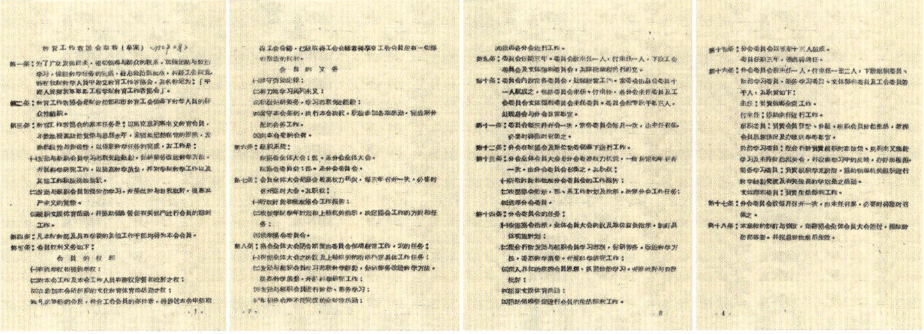

《教育工作者协会章程（草案）》

# 65

## 哈军工的野营教育主要目的是什么?

野营教育是哈军工教育计划中的一个重要组成部分，主要内容包括合同战术、射击、筑城、地形、工程测量等。学院非常重视野营教育，因为这是最接近实战的教学，是将理论和实际相结合的重要教育环节。野营训练基地在哈尔滨市北郊的柞树林。野营训练基地是根据苏联顾问团首席顾问奥列霍夫提议建立的。1954年6月22日，学院成立“首期”野营训练

陈赓与奥列霍夫检阅入营部队

司令部，任命唐铎为司令员、贺达为政治委员、杜鸣珂为参谋长。1954年7月11日，陈赓院长、刘有光副政委、李懋之、张子明、张衍、张文峰、唐铎、杜鸣珂等学院院部系领导和苏联顾问团首席顾问奥列霍夫出席野营开营仪式。

陈赓院长非常重视提高学员身体素质，培养学员的军事素养。陈赓院长亲自抓野营训练基地的建设，通过严格的军事训练，把“老百姓学生训练成一个标准军人”，使刚离开家门满脸稚气的高中生成为一名合格的解放军战士，在潜移默化中具有了军人刚毅顽强的气质。

# 66

## 哈军工学员传抄“示儿诗”是怎么回事？

哈军工曾有一个特殊的现象，就是学员中高干子女比较多，无论从数量还是家长级别，他们都是备受人们关注的群体，成为迄今为止我国高校中独一无二的特例。

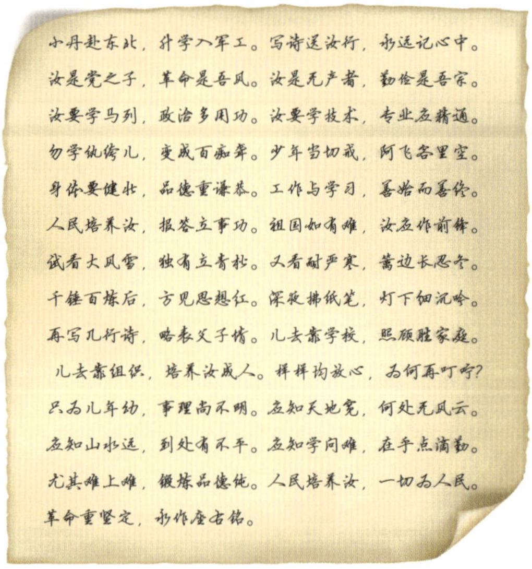
小丹赴东北，升学入军工。写诗送汝行，永远记心中。
汝是党之子，革命是吾风。汝是无产者，勤俭是吾宗。
汝要学马列，政治多用功。汝要学技术，专业应精通。
勿学纨绔儿，变成百痴聋。少年当切戒，阿飞客里空。
身体要健壮，品德重谦恭。工作与学习，善始而善终。
人民培养汝，报答立事功。祖国如有难，汝应作前锋。
试看大风雪，独有立青松。又看耐严寒，篱边长忍冬。
千锤百炼后，方见思想红。深夜拂纸笔，灯下细沉吟。
再写几行诗，略表父子情。儿去靠学校，照顾胜家庭。
儿去靠组织，培养汝成人。样样均放心，为何再叮咛？
只为儿年幼，事理尚不明。应知天地宽，何处无风云。
应知山水远，到处有不平。应知学问难，在乎点滴勤。
尤其难上难，锻炼品德纯。人民培养汝，一切为人民。
革命重坚定，永作座右铭。

陈毅写给儿子陈丹淮的诗

哈军工和革命父辈对他们的要求一直非常严格。1961年夏，陈毅的二儿子陈丹淮高中毕业，考入哈军工。陈毅为尽父辈教诲之责，提笔作诗，对孩子提出严格具体的要求与期望。没多久，陈毅的“示儿诗”便在哈军工不胫而走，许多学员把这首诗作为革命老前辈给自己的座右铭，也有很多学员家长将其作为教育子女时引用的经典。中华人民共和国第一任铁道部部长滕代远的儿子滕久明考上哈军工时，滕代远就抄录陈毅的“示儿诗”给儿子，让他背下来，照着诗中的要求去做人。

# 67

## 哈军工的实习工厂是何时建成的?

哈军工的实习工厂筹建于1953年春，由技术部负责筹建。实习工厂厂房位于学院的最东端。1953年3月，原华东军区司令部军事科学研究室的二十多位老技工及家属和几台皮带机床用一列火车运达哈尔滨。技工们编入技术部，成为建厂的基础力量；同时，从学院练习团和警卫营中抽调约30位优秀班长和老战士到技术部成立技工队，准备培养为徒工，让技术部的几个干部兼任教员为他们补习数学、语文和机械制图。厂房基建完成时，已是1953年的寒冬。1954年春，工厂开始紧张的内部安装和徒工培训，人员编制也已确定。

1954年6月1日，哈军工实习工厂举行了成立和试车典礼，陈赓院长剪彩并讲话。实习工厂厂房共8 914平方米，先后购置设备168台，调配职工156名。开工典礼上，展出了由钳工车间主任左雪农手工制造的缩小版的仿真火车机车模型。先将模型的锅炉加水，再将小酒精灯点燃加热后，活塞就能来回运动使车轮转动、前进，成为展品中的亮点。后来各教研室生产的精密测量设备，如风洞实验室设计的几种机械式测力天平都是由左雪农亲手装配制成的。

实习工厂不仅安排学员的金工实习课，并且研究以部分教学模型的零件作为学员实习主要制作工件，使消耗性实习转变成生产性实习，既符合教育与生产劳动相结合的方针，为工厂创造了一项产品，也解决了部分教具生产问题。实习工厂为学院大多数教研室生产了他们设计的器材、仪器、工具和专用柜、台、家具等。

陈赓在实习工厂试车典礼上讲话

1958年，实习工厂扩建改名为四海机械厂，在三棵树建新厂房及宿舍区。为配合计算机科研试制，工厂又成立了三车间（无线电车间），工厂职工最多时过千人。

# 68

## 哈军工第一次党代会决议的主要内容是什么?

1956年5月10日至25日，学院第一次党代会召开，正式代表326名，列席代表109名。大会的主要任务是：总结学院临时党委成立三年来，以教学为中心的各项工作；反对右倾保守思想，开展批评与自我评价；发扬民主，增强团结，改善领导方法，改进工作作风；制定今后工作规划和选举院党委会、党的监察委员会。会议做出决议：教师应通过各个教学环节和各项活动，指导学员独立工作，提升品德教养，以树立教师对学员全面负责的观念。

学院第一次党代会开幕式

69

# 哈军工保密工作情况如何?

1952年12月初，陈赓到达哈尔滨后不久，就对保卫部部长陈信说："我国的国防技术机密，有相当多集中在我们学院，一旦失密，后果不堪设想。要提高警惕，加强安全保卫工作，防范破坏，做到'万无一失'。"院党委从学院的实际情况出发，在院的领导机关中设立了直属院长、政委领导的保密检查处。院党委下面还成立了政治审查领导小组和保密工作委员会，以加强对安全保密工作的领导，及时研究、处理安全保密方面发生的问题。

哈军工作为国家的重点保密单位，确保国家秘密安全是工作在哈军工大院里所有人义不容辞的责任。从严谨的保密态度，到严格的保密制度，直至严密的保密措施，坚持保密责任重于泰山。哈军工定名、选址时，一个重要标准就是怎样更利于开展保密工作。为了使学院在执行国防科研任务时便于保密，学院的代号从1954年启用"103"部队到改用"9042"部队，再到"总字943"部队，直到船院时期，将代号改为6863，先后共更改了四次。学院各个系、专业、教学楼、实验室，以及召开的科技会议都是用代号来代替的。这些都体现了学院严谨的保密工作态度。哈军工在教学、科研、管理等各个环节制定了严格的保密制度，保密委员会的任命文件、保密工作条例等保密管理文件现在都陈列在学校的档案馆里，成为学院严格规范保密工作程序的见证。

哈军工有两道大门，大院以外的人是不能随便进入哈军工的，家属也不能随便进入教学科研区。当时很多的保密实验室，即使哈军工的无关专业学生也不能随便进入。任何人的进出，包括时任国家领导人在内都需严格登记。涉密人员有一个保密包，用来专门存放涉密资料和保密本，最后交到保密办公室统一存放。一道道门和一个个保密包看上去冷冰冰的，但在严密的保密措施面前，感受到的是哈军工对国家、国防事业的忠诚，是使命、是责任。哈军工的传统被她的后继者不断发扬光大，在哈尔滨工程大学的校园里优良的保密传统也一直被传承着，像11号楼、31号楼、三甲、三乙等这样的称谓一直沿用至今。

海军工程系保密资料室证

# 第三篇　发展·贡献

# 70

## 为什么学员毕业设计被称为“真刀真枪”的战斗？

称哈军工学员的毕业设计为“真刀真枪”的战斗，是因为学员们的毕业设计课题早在毕业前一年就由各教授会与苏联专家拟定，并分别征求了各军兵种的意见。第一期毕业设计的694个课题中很多是一些部队亟须解决的技术课题。各系都召开了庄重的毕业设计课题分发大会，由系首长亲手把课题逐个交给学员，系首长充满信任和期待的目光使得每个学员都信心倍增。

毕业设计是学员完成规定的课程学习之后，第一次独立开展工作，是对学员独立工作能力和综合运用所学知识能力的一次检验。在学员进行毕业设计时，各系都及时组织检查，据统计，独立工作能力比较强的学员约占40%，独立工作能力较差的学员约占7%。

学院成立了第一期学员毕业答辩委员会，从军内外22个单位邀请了55位专家、学者来学院参加毕业设计答辩。经过毕业答辩的检验，在参加答辩的654名学员中，有214名取得优等成绩，有277名取得上等成绩，还有7个设计被评为优秀设计。

学员在进行毕业答辩

# 71

## 哈军工第一期学员毕业多少人，分配去向是哪些单位？

1958年3月26日，学院举行第一期学员毕业典礼大会。时任国防部副部长李达上将在大会上宣布了国防部批准学院第一期学员毕业的命令，并在讲话时指出："学院第一期学员毕业是中国人民解放军建军以来第一次由我们自己的学校培养出这样大批的军事技术干部。我受委托代表中央军委、毛泽东主席、国防部部长彭德怀元帅、人民解放军各总部，以及在京的各军兵种等领导机关，向我们毕业的同志和全院的同志致以热烈的祝贺。"在第一期学员毕业典礼举行之际，病中的陈赓院长给第一期毕业学员写了一封信，寄托了自己对他们的无限希望。信的最后说："祝贺你们学习胜利，并预祝你们愉快地走上工作岗位，为祖国和我军的现代化建设贡献自己的力量。"

哈军工第一期毕业总人数636人，除留院任教的学员外，大部分毕业学员充实到了国防部第五研究院和各军兵种及各总部机关。其中，留院138人，占比约21.7%；国防部第五研究院88人，占比约13.84%；空军79人，占比约12.42%；炮兵35人，占比约5.5%；海军54人，占比约8.49%；装甲兵46人，占比约7.23%；工程兵77人，占比约12.11%；总军械部71人，占比约11.16%；总参谋部20人，占比约3.14%；总后勤部8人，占比约1.26%；各大军区13人，占比约2.04%；第二机械工业部7人，占比约1.1%。

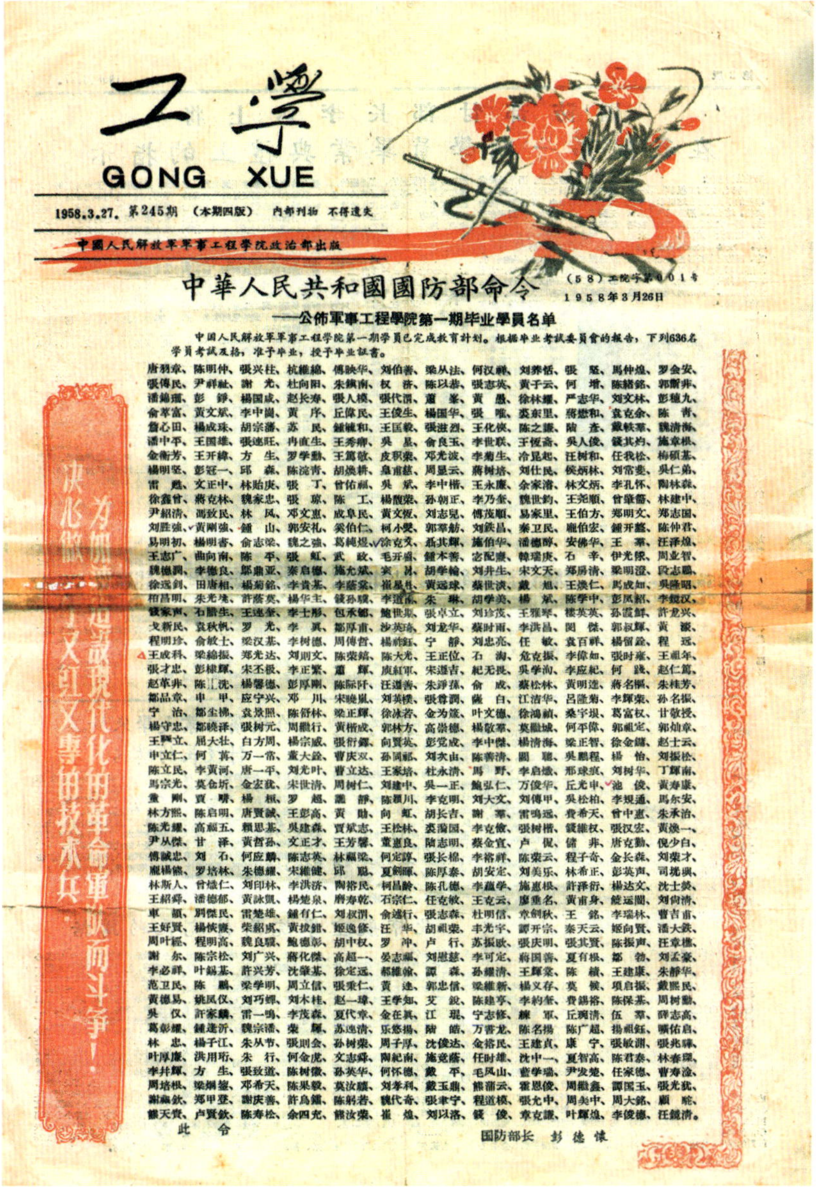
工學

GONG XUE

1958.3.27. 第245期 （本期四版） 内部刊物 不得遗失

中國人民解放軍軍事工程學院政治部出版

为加速建設現代化的革命軍隊而斗爭！

决心做又红又專的技术兵！

# 中華人民共和國國防部命令

（58）工院字第001号

1958年3月26日

## ——公佈軍事工程學院第一期毕业學員名单

中国人民解放軍軍事工程學院第一期學員已完成教育計划。根据毕业考試委員會的報告，下列636名學員考試及格，准予毕业，授予毕业証書。

唐羽章、陈明仲、張兴柱、杭維綿、傅映华、刘伯善、梁从法、何汉醉、刘养恬、張 堅、馬仲煌、罗会安、張傳民、尹祥祉、謝 光、杜向阳、朱鎮南、权 济、陈以恭、張志英、黄子云、何 增、陈赭銘、郭斯非、潘錫珊、彭 錚、楊国成、赵长寿、張人模、張代淵、蕭 峯、黄 愚、徐林耀、严志华、刘文林、彭穗九、俞萃富、黄文斌、李中崗、黄 序、丘偉民、王俊生、楊国华、張 唯、娄东里、蔣懋和、袁克余、陈 青、詹心田、楊成珠、胡宗藩、苏 民、鍾毓和、王国毅、張滋烈、王化俠、陈之謙、陆 鑫、戴轶軍、魏清衡、潘中平、王国雄、張述旺、冉直生、王秀卿、吳 昱、俞良玉、李世联、于恆斋、吳人俊、錢其灼、施章根、金衡芳、王开緯、方 生、罗学勤、王篤敬、皮积荣、邓光波、李菊生、冷昆起、汪树和、任我松、梅碩基、楊明堅、彭冠一、邱 森、陈浣青、胡焕耕、皇甫慈、周昱云、蔣树塔、刘仕民、侯炳林、刘常斐、吳仁弟、雷 甦、文正中、林貽庆、張 丁、曾佑祁、吳 斌、李中楷、王永廉、余家濬、林文炳、李孔怀、陶林森、徐鑫曾、蔣克林、魏家忠、張 琼、陈 工、楊馥棠、孙朝正、李乃奎、魏世鈞、王尧順、曾肇儒、林建中、尹紹清、馮致民、林 风、邓文惠、成阜民、黄文璇、刘志晃、傅茂順、易家里、王伯方、郑明文、郑志国、刘胜強、黄剛強、鍾 山、郭安礼、奚伯仁、柯小雯、郭翠舫、刘鉄昌、秦卫民、龐伯宏、鍾开鑑、陈仲君、易明初、楊明香、俞志梁、魏之強、葛純煜、涂克文、孫其輝、施伯华、潘德醇、安佛华、王 翠、汪泽煌、王志广、曲向南、陈 平、張 虹、武 政、毛开盛、鍾木善、宓配康、韓瑞庚、石 辛、伊光保、周业智、魏德潤、李德良、鄔鼎亚、秦启德、施允斌、实 沐、胡學輪、刘井生、宋文天、郑房清、梁明澄、段志鵬、徐远鈞、田唐相、楊菊銘、李貴基、李蔭棠、崔墨林、黄远球、蔡世洪、戴 旭、王焕仁、馬成知、吳隆昭、柏昌明、朱光瑰、許蔭奕、楊华主、錢孙騏、李道南、朱 琳、胡學美、楊 斌、陈学中、彭凤韶、李鋭汉、錢家声、石腊生、王速奎、李士彤、包承鄒、鮑世基、張卓立、刘珍茂、王雅琴、樓英英、孙霞鲜、許龙兴、戈新民、袁秋帆、罗 光、李 真、鄒厚甫、沙英琦、刘龙华、蔡时雨、李洪昌、閔 傑、郭叔輝、黄 濂、程明珍、俞敏士、梁汉基、李树德、周傳哲、楊祚鈺、宁 靜、刘忠亮、任 敏、袁百祥、楊留銓、程 远、王成科、梁綿振、郑光达、刘则文、陈荣鎬、陈大光、王正位、石 淘、危克振、李偉如、張时雍、王祖年、張才忠、彭棣輝、宋丕极、李正繁、蕭 輝、庾紅軍、宋遵吉、紀无畏、吳学润、李应紀、何 践、赵仁篤、赵革非、陈江洸、楊馨德、彭厚剛、陈际阡、汪道善、朱諍孫、俞 成、蔡松林、黄明逵、蔣名楓、朱桂芳、鄒品章、申 甲、应宁兴、邓 川、宋曉嵐、刘英樸、張魯潤、薩 白、江浩华、吕隆菊、李輝棠、孙名振、宁 治、鄒尘佛、袁景照、陈舒林、梁正輝、徐冰若、金为箴、叶文德、徐鴻續、桑宇垠、葛富权、甘敬授、楊守忠、鄒曉泽、張树元、周繼行、黄楷成、郭林方、高崇德、楊敬萃、莫繼城、何平偉、郭祖定、郭灿章、王[illegible]立、屈大壮、白方周、楊宗威、張衍鐸、向賢英、彭党成、李中傑、楊清海、梁正智、徐金鏞、赵士云、申立仁、何 苇、万一常、董大銓、曹庆双、孙同郝、刘次山、陈善清、閻 聰、吳鵬程、楊 怡、刘振松、陈立民、李黄河、唐一平、刘光叶、曹立达、王家培、杜永清、馬 野、李启境、邢球宾、刘树华、丁輝南、馬宗光、莫仓圻、金宏犹、宋世清、周树仁、刘建中、吳一正、鮑弘仁、万俊华、丘光申、池 俊、黄寿康、童 剛、賈 曉、楊 桓、罗 超、盖 靜、陈颖川、李克明、刘大文、刘傳甲、吳松柏、李規通、馬尔安、林方熙、陈启明、唐賢誠、王彭高、黄 助、向 虹、胡长吉、謝 軍、雷鳴远、費希天、曾中惠、朱承治、陈光耀、高福五、賴思基、吳建森、賈斌志、王松林、娄瀚国、李克儉、張树楷、錢維权、張汉宏、黄焕一、尹从傑、甘 泽、黄哲孙、文正才、王芳馨、董惠良、陆志明、蔡金宣、卢 倪、储 非、唐克勤、倪少白、傅誠忠、刘 石、何应麟、陈志英、林福梁、何定諄、張长棉、李褡祥、陈荣云、程子奇、金长森、刘荣才、龐楊德、罗培林、朱德耀、宋維健、邱 聪、夏剑暉、陈厚泰、胡安定、刘美乐、林希正、彭英声、司璟瑛、林斯人、曾煜仁、刘印林、李洪济、陶裕民、柯昌齡、陈孔德、李蘊學、施惠根、許泽衍、楊达文、沈士燊、王紹舜、潘德郁、黄詠凱、楊楚泉、磨寿乾、石宗仁、任克敏、王克云、廖垂名、黄甫身、饒运闓、刘倚清、車 韻、骆傑民、雷楚雄、鍾有仁、刘叔渭、俞述行、張志森、杜明信、章剑秋、王 銘、李瑞林、曹吉甫、王好賢、楊恢濂、柴紹虎、黄拔鎧、姬逸修、汪 华、胡祖荣、韦光宇、譚开宗、秦天云、姬向賢、潘大鉄、周叶經、程明高、魏良駿、鮑德彭、胡中权、罗 冲、卢 行、苏振欧、張庆明、張其賢、陈振声、汪章樵、謝 尔、陈宗松、刘广兴、蔣化傑、高超一、晏志福、刘恩慈、李可定、蔣国善、夏有根、鄒 勃、刘孟豪、李必祥、叶錫基、許兴芳、沈肇基、徐定远、郝維翰、譚 森、孙耀清、王輝棠、陈 穎、王建康、朱靜华、范卫民、陈 鵬、梁学明、周立信、張秉仁、黄 逵、郭忠信、梁維新、楊文存、莫 候、項启振、戴熙民、黄德易、姚凤仪、刘巧嬋、刘木柱、赵一瑋、王学知、艾 鋭、陈建亭、李約奎、費錫裕、陈保基、周树勳、吳 仪、許家麟、雷一鳴、李茂森、夏代章、金在其、江 琨、宁志修、褚 軍、丘珣清、伍 翠、薛志高、葛彭耀、鍾逵沂、魏宗福、柴 輝、苏逸清、乐悠揚、陆 皓、万書龙、陈名揚 陈广超、揚祖鈺、暢佑启、林 忠、楊子江、朱从节、張则会、孙树棠、周子厚、沈俊达、金裕民、王建貞、康 宁、張敏淵、張兆驊、叶厚康、洪用珩、朱 行、何金虎、文志舜、陶紀南、施竞蔭、任时雄、沈中一、夏智高、陈君泰、林春琛、李井輝、方 生、張致道、陈树徽、孙英华、何怀德、戴 平、毛风山、董学瑞、尹发楚、任家德、曹寿淦、周培根、梁炯鋆、邓希天、陈果毅、莫汝麟、刘孝科、戴玉鼎、熊蒲云、霍恩俊、周繼鑫、譚国玉、張光犹、謝義欽、郑甲登、謝庆善、許烏鏞、陈躬若、魏代奇、張聿宁、程道模、張允中、周奕中、周大銘、顧 舵、熊天賁、卢賢欽、陈寿松、余四充、熊汝棠、崔 煌、刘以洛、錢 俊、章克謙、叶輝煌、李俊德、汪鏡清。

此 令

国防部长 彭德懐

《工学》报刊登的毕业命令

# 72

## 哈军工学员的实习和毕业设计解决了哪些技术难题？

哈军工学员无论在实习还是毕业设计环节都表现出了良好的理论功底和解决实际问题的能力。

实习中，学员杨斌、胡学美、彭风绍、鲍世期在沈阳空军机场用雷达准确预测了苏联最高苏维埃主席团主席伏罗希洛夫访华的天气；学员李世彤在北京南苑机场观测到冷风切面，建议停飞，保护了飞行员的安全；学员孙英华在空军某部解决爆破留底问题，编制出新的爆破施工法；学员刘尚清在618厂实习时发明了“束机焊条焊接”新工艺；学员夏启振设计出“喷漆室”，直接帮助工厂解决了长期未解决的技术难题；海军工程系学员在教员带领下承担了国家下达的海岸线地形、水深任务，完成了万分之一比例尺的水深测量报告，质量优良。

在毕业设计中，学员黄刚强设计了航空雷达识别系统，提高了我军当时同类设备的战术性能和保密性能；学员梅硕基设计出中心陀螺仪，为海军增添了新设备；学员王成科设计的100毫米无后坐力炮由701厂专家评审后，认为设计思想先进，有创造性，答辩委员会建议供国家设计部门参考；学员谢群设计的180毫米舰炮，操作系统全部实现了自动化，海军司令部有关领导闻讯后高兴地说“这正是我们海军当前需要解决的问题”；学员徐定远设计的汽车结构，布局合理、紧凑，性能较以前的产品更为优良；学员霍恩俊设计的移动式排锯，结构新颖，不仅排除了排锯作业的主要障碍，而且具有迅速安装的优势。

“双37高射炮”项目也是学生毕业设计中孕育出来的成果。该项目设计组由火炮设计、雷达和指挥仪三个专业的学员组成，金安石为指导老师。1958年8月，王子才中校率领学员进驻北京的一个研究所，完成基本设计后就分头下厂制造。各位学员在全国各地四处奔波，突破技术瓶颈，不断进行实验，经历数次失败，最终在1959年2月将“双37高射炮”完美运用到军队演练中，同时他们也顺利毕业。除此之外，毕业设计中提供了重要科研成果的学员还有58-581班学员陈钰，其在地空导弹指令形成系统的设计中提出以交流电路为基础的新方案，并在试验中验证了新方案电路设计的正确性。58-561班学员叶正光，在导弹射程控制器的设计中，改进了射程控制方法，简化了计算结构，缩小了误差。58-511班学员李再荣，对导弹分离机构的设计和分离干扰引起偏差的研究，取得了良好结果，尤其是酒精箱底应力分析计算，对教学的参考价值比较大。59-161班学员靳泽普，在毕业设计中改装的瞄准具，低空、高空都能使用。

空军工程系学员进行毕业设计

# 73

## 哈军工何时成为全国重点大学？

1959年3月，中央决定设置20所全国重点高等学校，旨在保证一部分学校能够培养高质量的科学技术干部和理论干部，更有力地提高我国高等学校的教育质量和科学水平，哈军工跻身其中。在正式办学后的第七年就成为全国重点大学，学院的创建者和建设者们为此付出了艰辛的努力。

1953年，学院根据军委院校长会议精神修订教学计划，从本年开始，一直延续到1961年结束。修订后的教学计划，实践性教学大幅增加，毕业设计改为结合“真刀真枪”的科学研究任务进行。这项改革对于理论联系

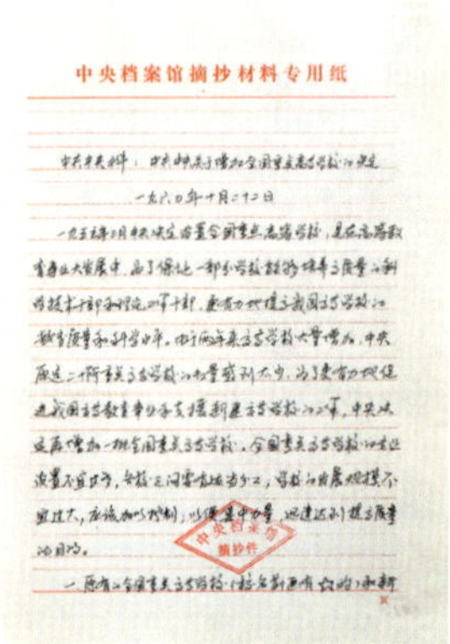


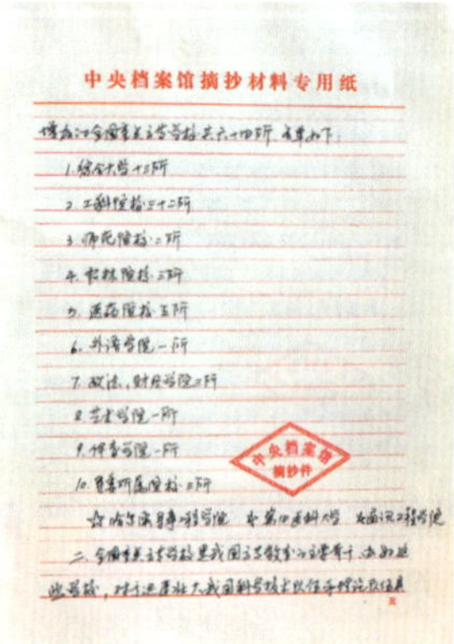


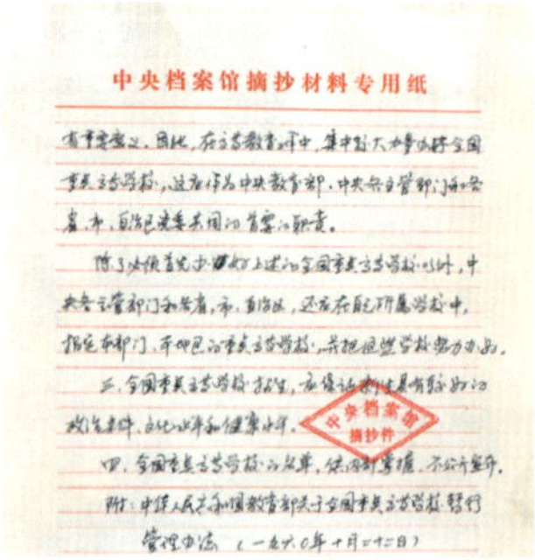


《中共中央关于增加全国重点高等学校的决定》手抄件

实际，提高教学质量，促进科学研究，提高教师的科研水平和学术能力具有重要意义。

与此同时，哈军工的人才培养目标由培养维护使用修理的军事技术干部改为培养研究与设计的军事技术干部，并呈现出以下四个新的特点：生产劳动正式列入课程，实践教学大幅度增长，思想政治教育加强，毕业设计改为结合科研任务进行。

# 74

## 哈军工从哪一年开始招收越南留学生，共招收多少名？

1958年8月起，哈军工开始招收越南留学生，首批共40名越南留学生到校参加预科学习。学院在预科设立了越南留学生队，对外称“湖南队”，后成立了越南留学生系，队系干部由中、越双方派任，其他工作人员由中方派出。越南学员到校后，首先进行半年左右的入学教育。入学教育主要是学习汉语，也补习一些数理化知识，然后分系学习。越南队的工作主要根据学院制定的8条《外国留学生守则》和9条《外国留学生工作人员守

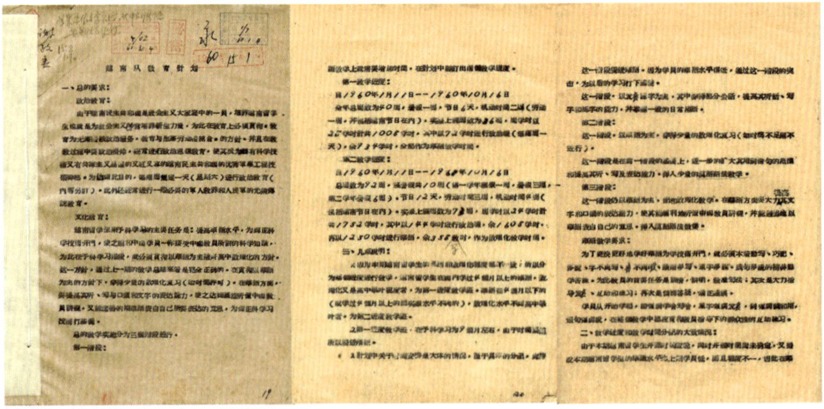

越南队教育计划

则》进行。在实际工作中，双方工作人员互相尊重，互相支持，共同研究决定问题，分别贯彻执行。越南学员的衣、食、住、行、医、学全部由中方负责，待遇和中国学员一样，原则上是集中管理，分散学习。哈军工把培养越南留学生作为自己崇高的国际主义义务去履行，1958—1966年先后招收7批共183名越南留学生。他们在越南党、政、军里得到了重用，张庆珠（越南中将）曾经出任越南国防部副部长。在越南，同我国一样也组建了哈军工越南校友会。

# 75

## 哈军工开展科研工作的初期，学员参与科研的情况如何？

1956年，学院召开第一届科学技术研究会议。会议明确提出了学院科研工作的基本任务和方向，要求各教授会制定科研工作的长远规划，通过科研活动和学术论文提高教师的学术水平，同时要求组织学员参加科研

学员科学研究成绩展览

活动，科研活动在高年级学员中逐步开展起来。学院成立了军事科学技术协会和炮兵、海军、工兵三个工程系的分会，颁布了《学员军事科学技术协会条例》，规定协会的基本任务是：培养学员阅读教材和科技文献的能力；培养学员对各种科学资料的独立总结能力及准备学术报告的能力；引导学员以批判的态度对待各种学术问题，并进行广泛讨论；吸收学习最好的学员进行科学研究工作，加深所学的专业知识；培养他们在科学研究和实验方面的独立工作能力。

当年学院参加科研的学员达503名。空军工程系学员组成34个科研小组，提出42项课题；炮兵工程系学员组成25个科研小组，完成37项课题；海军工程系学员组成17个科研小组，提出研究课题49个，其中11项取得成果；装甲兵工程系学员组成了6个科研小组，开展研究的同时培养了独立研究问题的能力；工兵工程系学员组成16个科研小组，完成24项研究课题。

# 76

## 哈军工《科学研究工作条例》主要规定了哪些内容？

学院党委提出“紧密结合教学，适当解决国防工业生产中的技术问题”的科研方针。学院科学教育部要求各教授会制订下一年度科研计划，并同时指出：“科学研究是高等学校教学的基础。没有科学研究工作就不可能完成教学任务，必须大力开展，不应有一个教员例外。”

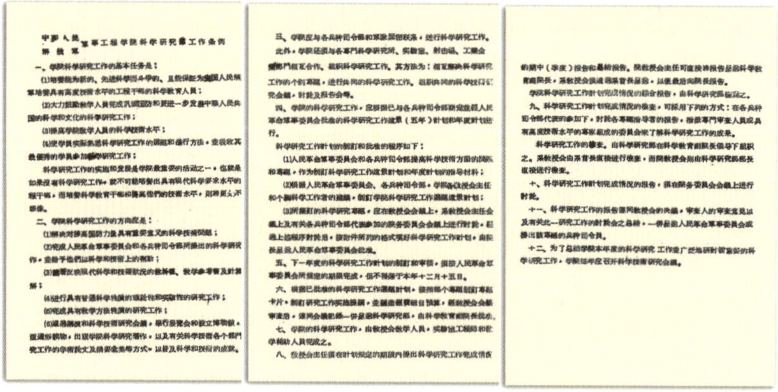

中国人民解放军军事工程学院科学研究工作条例

一、学院科学研究工作的基本任务是：

(1)培养能为新的、先进科学而斗争的、且能保证为中国人民解放军培养具有高度技术水平的工程干部的科学教育人员；

(2)大力鼓励教学人员完成巩固国防和更进一步发展中华人民共和国的科学和文化的科学研究工作；

(3)提高学院教学人员的科学技术水平；

(4)使学员实际熟悉科学研究工作的组织和进行方法，并吸收其最优秀的学员参加科学研究工作；

科学研究工作的实施和发展是学院最重要的活动之一，也就是如果没有科学研究工作，就不可能培养出具有现代科学要求水平的工程干部，而培养科学教育干部和提高他们的技术水平，则将更是不可能。

二、学院科学研究工作的方向应是：

(1)解决对提高国防力量具有重要意义的科学技术问题；

(2)完成人民革命军事委员会和各兵种司令部所提出的科学研究工作，并给予他们以科学和技术上的帮助；

(3)编写反映现代科学和技术状况的教科书、教学参考书及计算[illegible]解；

(4)进行具有普遍科学性质的理论性和实验性的研究工作；

(5)完成具有教学方法性质的研究工作；

(6)组织讲演和科学技术研究会议，举行展览会和设立博物馆，[illegible]，出版学院科学研究著作，以及有关科学技术各个部门研究工作的学术论文及摘要汇集等方式，以普及科学和技术的成就。

三、学院应与各兵种司令部和军队保持联系，进行科学研究工作。

此外，学院还须与各专门科学研究所、实验室、射击场、工厂企业部门相互合作，组织科学研究工作。其方法为：相互解决科学研究工作的个别专题，进行共同的科学研究工作，组织共同的科学技术研究会议、讨论及报告会等。

四、学院的科学研究工作，应根据已与各兵种司令部商定并经人民革命军事委员会批准的科学研究工作远景（五年）计划和年度计划进行。

科学研究工作计划的制订和批准的程序如下：

(1)人民革命军事委员会和各兵种司令部提出科学技术方面的问题和专题，作为制订科学研究工作远景计划和年度计划的指导材料；

(2)根据人民革命军事委员会、各兵种司令部、学院各教授会主任和个别科学工作者的建议，制订学院科学研究工作专题远景计划；

(3)所拟订的科学研究专题，应在教授会会议上，系教授会主任会议上及有关各兵种司令部代表参加的院务委员会会议上进行讨论，经过上述程序讨论后，按附件所列的格式填好科学研究工作计划，由院长呈送人民革命军事委员会批准。

五、下一年度的科学研究工作计划的制订和审核，须按人民革命军事委员会所规定的期限完成，但不得迟于本年十二月十五日。

六、根据已批准的科学研究工作专题计划，按照每个专题制订专题卡片，制订研究工作实施提纲，并编造经费细目预算，经教授会会议审查后，连同会议纪录一併呈送科学研究部，由科学教育副院长批准。

七、学院的科学研究工作，由教授会教学人员，实验室工程师和教学辅助人员完成之。

八、教授会主任须在计划规定的期限内提出科学研究工作完成情况的期中（季度）报告和最终报告。院教授会主任可直接将报告呈送科学教育副院长，系教授会须通过系主任长呈送，以便最后向院长报告。

学院科学研究工作计划完成情况的综合报告，由科学研究部编写之。

九、科学研究工作计划完成情况的检查，可採用下列的方式：在各兵种司令部代表的参加下，讨论各专题指导者的报告，指派专门审查人员或具有高度技术水平的专家组成的委员会来了解科学研究工作的成果。

科学研究工作的检查，由科学研究部在科学教育副院长领导下组织之。系教授会由系主任直接进行检查，而院教授会则由科学研究部部长直接进行检查。

十、科学研究工作计划完成情况的报告，须在院务委员会会议上进行讨论。

十一、科学研究工作的报告连同教授会的决议，审查人的审查意见以及有关此一研究工作的讨论会之总结，一併呈送人民革命军事委员会或提出该专题的兵种司令部。

十二、为了总结学院本年度的科学研究工作并广泛地研讨较重要的科学研究工作，学院每年应召开科学技术研究会议。

《科学研究工作条例》

为使科学研究工作制度化，1954年学院颁布了《科学研究工作条例》，共12条，规定了学院科学研究工作的基本任务：①培养能为新的、先进科学而斗争的，具有高度技术水平的科学教育人员；②大力鼓励教学人员完成为巩固国防、发展我国科学文化的科学研究工作；③提高学院教学人员的科学技术水平；④使学员熟悉科学研究工作的选题和先进的方法，吸收其中优秀的学员参加科学研究工作。

学院科学教育部在学年工作总结中指出："必须广泛开展科学研究工作，才能完成培养军事工程干部、发展军事技术思想双重任务。高等学校教师只有从事科学研究，才能不断提高科学水平，从而提高教学质量，否则就会逐渐落伍、退化成为中等技术学校的教师，当然更谈不上发展军事技术思想了。"

77

## 哈军工第一届科学技术研究会议何时开幕，主要议题有哪些?

1956年2月29日至3月1日，学院召开第一届科学技术研究会议，检阅科学研究成果，交流科学研究经验。此次会议，经过院系两级严格推选，从全院教师的论文中精选出20位教员的论文在大会宣读。这些论文代表了当时哈军工的最高学术水平。数十年后，这些教师中很多人都成长为两院院士。

参加这次会议的除各级领导干部、教学骨干、优秀学员外，还有上级机关和兄弟院校的代表。会议明确提出了学院科研工作的基本任务和方向，同时要求各教授会制定科研工作的长远规划，通过科研活动和学术论文，提高教师的学术水平，同时要求组织学员参加科研活动。

学院科学教育部部长徐立行在《关于我院科学研究工作问题》的报告中指出了学院科学研究工作的四项基本任务和四种基本方式。四项基本任务：培养教师；解决国防建设和国民经济建设中科学技术方面的理论和实际问题；提高整个学院的科学技术水平；培养学员的科学研究能力。四种基本方式：进行对国防现代化建设有长远价值的预研；为部队解决技术难题；编著有学术价值的教材；参加对经济建设有意义的民用项目的研究。报告指出学院科学研究工作中存在的两个弱点：一是参加科学研究的教师人数不到教师总数的一半；二是与各军兵种部队、国防研究部门及生产单位缺少联系。报告要求广泛发动教师参加科学研究并准备学位论文；制定学院科学研究五年规划；建立科学奖励制度；指导学员开展科学研究；改善科学研究的物质、技术保障工作。

1956年3月12日，学院召开临时党委第二次党员代表会议，明确学院向科学进军的任务是“提高教学质量，开展科学研究，扩大专家队伍”。1956年3月26日至4月3日，学院召开全体教师会议，动员全体教师向科学进军，圆满完成“提高教学质量，开展科学研究，提高老教师数量，大力培养新教师，扩大专家队伍”的任务。本年参加科研的教师259人，解决国防生产部门技术问题58项。

第一届科学技术研究会议开幕式

78

## 哈军工与“两弹一星”事业有哪些溯源?

20世纪50年代对于我们国家来说是极不寻常的时期，当时国际形势极为严峻，面对帝国主义的武力威胁，以毛泽东同志为核心的第一代党中央领导集体做出了独立自主研制“两弹一星”的战略决策。正如邓小平同志所说，如果20世纪60年代以来中国没有原子弹、氢弹，没有发射卫星，中国就不能叫有重要影响的大国，就没有现在这样的国际地位。

哈军工与我国“两弹一星”事业渊源深厚，哈军工人在不同岗位为我国“两弹一星”事业做出了应有的贡献。

溯源一：提出研制我国火箭的建议。1955年11月初，哈军工任新民、周曼殊、金家骏三位教员给国防部写了一封信，提出研制我国火箭的建议。次年元月，哈军工三位教员的建议书已经摆在了彭德怀同志的办公桌上，引起了中央军委领导的高度重视。这份建议书表达了以陈赓为首的哈军工人准备把导弹科研项目推上马的坚定决心。

溯源二：两位“两弹一星”元勋在哈军工的会面。1955年11月25日，旅美科学家钱学森第一次来到哈军工大院，当他参观火箭教授会时，对固体火箭点火试车试验产生了极大的兴趣，并与教授会副主任任新民就固体火箭燃料配方问题交流起来。多年后，两位“两弹一星”元勋回想起在哈军工21号教学大楼里的会面，仍感慨万千。

溯源三：我国航天事业的誓师会。1955年11月25日，陈赓院长在哈尔滨的大和旅馆为钱学森举行小型欢迎晚宴。陈赓和钱学森就我国研制火箭交谈了很久。陈赓表态，为了研制中国自己的火箭，哈军工要人出人，要物出物。1956年，国防部第五研究院（简称五院）成立，哈军工先后抽调多批骨干教师赴五院，成为中国火箭和导弹技术的开山元勋。1957年，哈军工还把从德国订购的跨音速风洞让给五院使用，在物质设备上大力支持五院的导弹研究工作。

溯源四：哈军工人是我国“两弹一星”事业的先行者、亲历者和见证者。1956年，学院在空军工程系自主招收导弹专业学员。1957年9月，学院在空军工程系设第7科（可操纵火箭武器科），系主任唐铎兼任7科主任，主持导弹原子专业的筹建工作。1958年10月30日，中央军委批复学院成立导弹工程系。这些学员成为我国第一批投身“两弹一星”事业的科技工作者。1959年以后，军工在“尖端集中，常规分散”的办学方略指引下，新建了原子、电子、计算机等“尖端”系及专业，培养了一大批国防科技事业发展急需的专业人才，为我国“两弹一星”事业的起步准备好了人才库。

我国第一枚导弹、第一代近程地地战略导弹——“东风一号”

# 79

## 哈军工提出研制火箭建议的具体情况如何?

岳劼毅、任新民、金家骏原在华东军区司令部军事科学研究室工作，1952年8月调入哈军工。早在1950年，华东军区司令部军事科学研究室提出要搞空气动力学试验风洞，岳劼毅仔细地分析了当时的需要和条件以后，觉得上风洞条件不具备。适逢当时任新民等完成了火箭船的试验任务，岳劼毅经过长时间的思索，向华东军区司令部军事科学研究室提出：“在临时任务之外，专重研究长程火箭，对本室人力均较适宜，而此项研究，中国迟早必须进行，且必须从头摸索。”为了慎重起见，岳劼毅征询了研究室很多同志的意见，也得到了军事科学研究室化学组组长钟以文教授的认同和支持。在岳劼毅的坚持下，他们这些从海外回来的知识分子第一次在祖国的大地上——玄武湖畔钻研火箭固体发动机和远程火箭空气动力学原理，因此，玄武湖畔集聚了我国第一个研究火箭的科学家群体。

任新民调入哈军工后，1955年上半年，联合火箭武器教授会副主任金家骏、科学秘书周曼殊，三人结合当时我国的实际情况，从我国发展导弹与火箭武器的必要性、可行性及实现途径等多方面提出建议，提交了《对我国研制火箭武器和发展火箭技术的建议》的上报稿。这个上报稿在提请哈军工有关院领导与有关专家、教授修改、完善后，于1955年11月26日，由时任哈军工院长的陈赓亲自转报给中央军委，并交由当时主持中央军委日常工作的彭德怀同志和总参谋长黄克诚阅览。后来这个上报稿，又交由钱学森院士和时任总参谋部装备计划部部长万毅调研，并最终形成了向中央军委提交的《关于研究与制造火箭武器的报告》。

今天来看，中华人民共和国成立初期专家们的工作还比较简单。在当时的历史条件下，专家们取得的一些阶段性成果还无法在短时间内变成装备部队的实用成果。但是，历史不应该忘记他们，张述祖、任新民、岳劼毅、周祖同、马明德、钟以文、赵子立、金家骏、梁守槃等十余位专家是我国的军事高科技——火箭导弹工程的开创者，是开拓固体火箭工程的开路先锋。

哈军工原子工程系58级毕业班合影

# 80

## 我国第一次核武器试验中哪位哈军工人成为主控台起爆手?

1964年8月，我国第一次核武器试验进入倒计时状态，主控室里只有3名技术人员，其中负责主控台的操作手将负责按下引爆原子弹的最后一个按钮。现场总指挥张爱萍将军选中了哈军工的毕业生韩云梯作为主控台起爆手（指令长）。

紧急刹车按钮是为了起爆前10秒内出现异常中断试验使用的。针对紧急刹车预演中有时出现误动作的现象，韩云梯提出将紧急刹车按钮由主控台移到监视台上的方案，该方案最终被采纳。在中国国防现代化发展的历程中，许多哈军工人光荣地参加了从第一次核爆炸起的所有核武器试验。哈军工为我国第一次核爆试验研制了四套测试仪器。

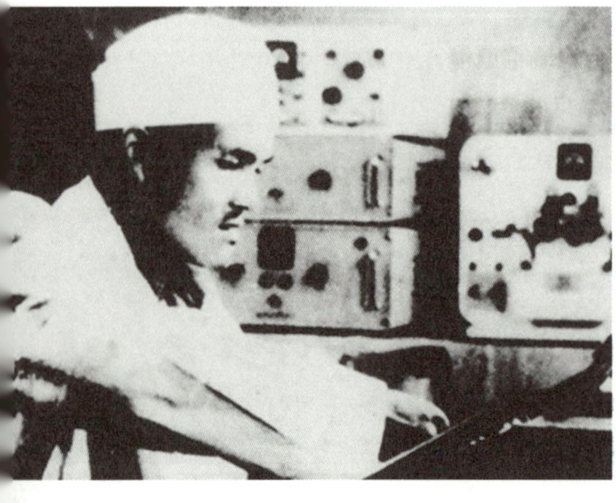

韩云梯按下起爆按钮瞬间

赵伊君、花栅和傅信礼3名哈军工教师参加了两次核爆炸试验冲击波和光辐射的测量任务，其中傅信礼老师带领的机测小组荣立集体二等功，另有多人荣立三等功。原子工程系的教学、科研成果得到了学院党委的充分肯定，并受到了朱德、董必武、刘伯承等国家领导人的称赞和勉励。

# 81

## 哈军工人为我国“两弹一星”事业默默无闻地做了哪些贡献？

哈军工一直保持着一股敢为天下先的闯劲，就连在专业设置上也是如此。当时核武器才问世十几年，中国还没有原子弹，但哈军工已成立了原子工程系，设置了核爆炸、核动力等专业。1963年，原子工程系第一批学员，因国家急需，全部被分配到9院（青海金银滩）参与工作；核爆炸测试分析专业38名学员提前毕业被分配到新疆马兰基地，即总装备部第21试验训练基地，成为基地重要的一支科研骨干力量。哈军工为我国核武器的发展做出了应有的贡献。

酒泉卫星发射中心是我国第一个导弹发射靶场，当年人们也叫它东风基地。哈军工学员是东风基地的第一代拓荒者，一期学员彭凤绍等40余人，二期学员李如璋等100多人，成为20世纪60年代东风基地最早的一批技术干部。1964年10月16日，我国第一颗原子弹在新疆罗布泊爆炸成功，担任指令长的是哈军工毕业生韩云梯，哈军工有多位教员目睹了红色蘑菇云升上蓝天的庄严时刻，他们是承担研制测量原子弹爆炸后光辐射和冲击波效应仪器的赵伊君、花栅、傅信礼。哈军工因研制出光辐射测量仪、冲击波电测仪、冲击波机测仪，获集体二等功。赵伊君、花栅、傅信礼三位哈军工人获个人三等功。1967年6月17日，我国第一颗氢弹试爆成功，担任指令长的是哈军工毕业生杨琴棣。1970年4月24日，我国第一颗人造地球卫星“东方红一号”成功发射，一曲《东方红》响彻寰宇，震动世界，当时承担发射任务的总指挥是哈军工海军工程系海道测量专业一期学员杨桓，参与者还有“红箭-8”总设计师王兴治，被称作“头顶氢弹睡觉”的马国惠，参加第一批地空导弹营组建的粟戎生，第一次原子弹、导弹结合实验中被誉为“七勇士”之一的张其彬、刘启泉。哈军工一期学员莫仓圻，任东风基地总工程师，献身基地40年；1980年，我国发射首枚洲际导弹“东风五号”，担任指令长的是哈军工一期学员刘德普，他1959年来到东风基地，后任东风基地总工程师，1997年猝然倒在工作岗位上，把自己的一生奉献给了大漠；哈军工二期学员胡文全，一年四季在戈壁滩上进行火焰衰减试验，为我国新型导弹的安全系统提供重要数据，负荷工作了29年，1987年牺牲在工作岗位上……哈军工的学员们为国防现代化事业的推进做出了重要贡献。刘居英曾自豪地说：“第一颗原子弹押送、挂起、发射，是我们的学生；第一颗人造卫星指挥、制造、发射，是我们的学生；洲际导弹，也是我们的学生。”

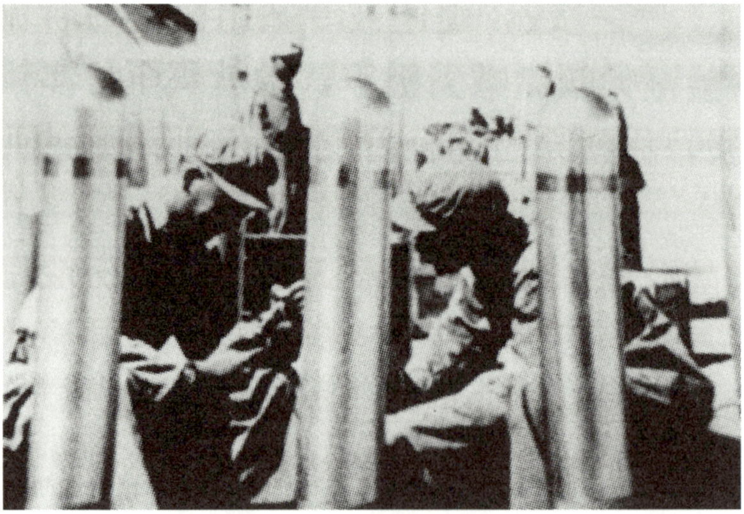

伽马遥测站工作人员在核试验现场工作

# 82

## 哪些导弹型号与哈军工人有关？

哈军工炮兵工程系教授任新民是“东风一号”“东风二号”“东风三号”导弹的副总设计师，是“东风一号”导弹的发动机总设计师，“东风二号”导弹新一代发动机研制负责人。其中，“东风一号”导弹的研制成功是我国军事装备史上的一个重要转折点。

哈军工炮兵工程系一期学员邢球痕是“红旗-2号”“巨浪-1号”导弹发动机总设计师。其中，“巨浪-1号”采用两级发动机，是我国固体火箭技术的一个重大突破，使我国运载火箭技术进入到一个新的时代。

哈军工空军工程系一期学员钟山是“红旗-7号”“海红旗-7号”导弹的总设计师，是北京奥运会安保科技系统总指挥。其中“红旗-7号”导弹赴酒泉试验，取得了中国防空导弹史上四项重大突破：5发5中，5枚导弹击落4种5架靶机；首次双发齐射同时命中2架靶机；成功摧毁超低空飞行目标；首次通过战术性能使用考核。

哈军工导弹工程系五期学员王兴治是“红箭-8”的总设计师，何平伟、陈洪印、戴福民、高树桐四位哈军工学员是“红箭-8”副总设计师。“红箭-8”使我国跻身世界反坦克导弹的前列。

哈军工空军工程系教授梁守槃是“鹰击-8”的总设计师。“鹰击-8”是中国人民解放军装备的一款轻小型亚音速超低空掠海飞行多用途通用反舰导弹，也是中国第二代反舰导弹之一，被誉为“中国飞鱼”。

世界上第一款具有超音速飞行特性的反舰导弹——“鹰击-8”

# 83

## 在我国载人航天事业中哈军工人做了哪些贡献?

载人航天技术是人类航天史上的重大突破。我国载人航天工程从无到有，“神舟”系列飞船从无人飞行到飞天圆梦直到舱外活动，实现了跨越式发展，这里面同样凝聚了哈军工人的心血。20世纪80年代末，我国载人航天工程起步，哈军工的九期学员谢名苞任载人航天工程办公室主任，他参与了载人航天工程初期论证、组织工作，是我国载人航天工程四次无人飞行试验和“神舟五号”载人飞行任务的具体组织领导者之一。2003年10月6日6时23分，随着“神舟五号”飞船在预定地区平稳着陆，中华民族几千年的飞天梦一朝成真，中国成为世界上第三个独立将航天员送上太空的国家。从“神舟六号”飞船开始，曾任酒泉卫星发射中心主任的哈军工学员林树担起了载人航天工程办公室主任的大任。曾任中国载人航天工程发射场系统总指挥的哈军工二期学员张建启在“神舟七号”发射中任副总指挥。

“神舟五号”发射升空

# 84

## 空军工程系两座低速风洞何时建成，总指挥是谁？

建院之初，学院开始风洞研究，马明德教授被任命为风洞建设总指挥。1954年，哈军工建成我国最早的两座低速风洞，其中开口式的命名为1号风洞，闭口式的命名为2号风洞。

中华人民共和国成立初期，很多世界强国受益于先进的风洞技术，发展了强大的空军队伍。陈赓经历过抗美援朝的炮火，他深刻认识到风洞对于发展先进空军技术装备的重要性。由于陈赓对风洞技术知之甚少，于是他便找到了风洞专家马明德。马明德不仅通俗易懂地给陈赓普及了风洞知识，而且分析了世界主要强国的风洞状况及所起的作用，这让陈赓茅塞顿开。他语气坚定地说："现在要考虑搞中国的风洞了，咱们学院一定要有风洞，从小型开始，得快点干。"

在国内没有先例、技术资料缺乏、技术条件较差的情况下，马明德教授敢为人先，自制仪器设备，建成我国最早的实用型低速风洞——15米闭口单回路式风洞和15米开口单回路式风洞，开创了我国风洞科研的先河。这两座风洞的建造方案由空军工程系空气动力学教授会的四位教授共同制订。马明德亲自带领助教、实验员画出400余张图纸，安装承台设备，精心指导木工刻制出12片木质螺旋桨叶，还自制仪器设备，为国家节省了大量资金。建设风洞实验室的过程，不仅提高了教师的业务水平，还为国家培养了一批能够熟练驾驭、维护、修理风洞的技术力量。1955年1月8日，学院举行了风洞实验室开幕典礼，刘居英副院长宣读学院（55）干奖字001号命令，给予教授马明德，实验员邓士贻，技工吴相亭、姜延栋、黄振远、张志民，实验工厂钳工车间主任左雪农、钳工张旗中以嘉奖，为建设两座风洞做出突出贡献的马明德教授颁发了一尊毛主席半身白瓷像。

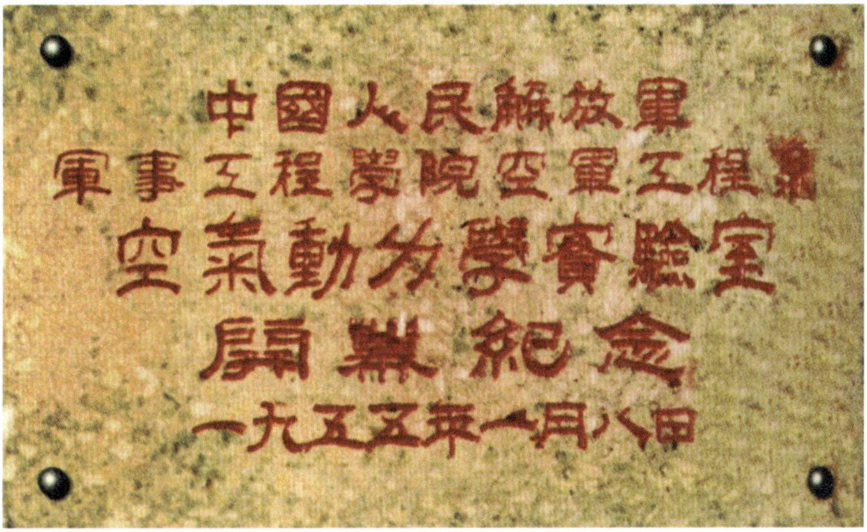


空气动力学实验室开幕纪念石

# 85

## 哈军工建成的我国第一个风洞群具体包括哪几座风洞?

风洞实验被誉为现代飞机、导弹、火箭等研制定型和生产的“绿色通道”。哈军工风洞群的建设是空军工程系空气动力学教授会立足我国航空工业发展实际做出的大胆实践。在无经验可循、技术人员缺乏、资金物资保障有限的条件下，历时近10年，建成了从低速、跨音速到超音速，整体配套的8座风洞，形成了当时国内第一个大型风洞群，初教-5、歼教-1、初教-6、歼-6等机型均在这里吹风助飞。哈军工风洞群为我国航空工业现代化、中国新型飞机研制做出了历史性的贡献。

1954年底，哈军工建成了中国最早的两座低速风洞，分别命名为1号风洞和2号风洞。两座风洞的建成，为后续建成完整配套的风洞群积累了经验，奠定了基础。1956年，哈军工超音速风洞，即3号风洞试车成功。同年，两座截面为八角形的闭口、开路式木结构低速风洞建成，命名为4号风洞和5号风洞。1959年，学院建成大型超音速风洞，即6号风洞，这是由我国自行设计、建造的第一座吹气式超音速风洞。1960年5月，实验室安装了从民主德国定购的近音速风洞（7号风洞），经不断改进，1963年9月改造成跨音速风洞，是我国高等院校第一座大型跨音速风洞。1963年，哈军工建成回流式大型低速风洞，即8号风洞，这是当时全国最大的低速风洞，也被称为功勋风洞。至此，哈军工空军工程系空气动力实验室在岳劼毅、马明德教授的带领下，在无经验可循、技术人员缺乏、资金物资保障有限的条件下，历时12年，建成了从低速、跨音速到超音速，整体配套的八座风洞，形成了当时国内第一个大型风洞群。1964年5月，国防科委决定将哈军工的7号风洞和8号风洞编入“国家队”，承担国家重大实验任务。1965年4月，又把哈军工风洞群中的6号、7号和8号风洞组成空气动力实验研究室，由国防部第六研究院和哈军工共同领导。

我国第一座吹气式超音速风洞

# 86

## 曾在哈军工风洞吹风的代表机型有哪些?

哈军工风洞群见证了我国航空事业起步、发展乃至走向现代化这一历史进程，为我国航天航空工业现代化做出突出贡献。曾在哈军工风洞吹风的代表机型主要有以下几种。

初教-5，原型为苏联雅克-18教练机，其仿制成功标志着我国航空工业由修理走向制造迈出关键性的一步。歼教-1，亚音速喷气式中级教练机，它是我国自行设计和制造的第一种喷气式飞机，在我国航空史上占有重要地位。初教-6，长期服役于我国空军和地方航校，至今仍是我国初级教练机主力，并出口亚非拉等友好国家，加其改进型共生产了2 000余架。歼-6，第一代超音速战机，1959年9月首飞，至2006年8月整建制退出空军战斗部队序列，共生产了4 000余架，守卫祖国领空近半个世纪。

木结构低速风洞

# 87

## “东风113”是什么任务?

“东风113”是1958年10月13日经中共中央批准研制的战斗机，其性能号称“双二五”，即飞行速度2.5马赫，飞行升限25 000米。“东风113”是一个满载着中国人自主设计现代化战机梦想的项目，是中国航空工业发展史上的重要事件，促进了哈军工及其他航空单位的科研工作，诞生了中国第一台机载火控电子计算机等一批科技成果，培养了一批科技人才，为航空研究院（六院）的成立创造了最基本的条件。

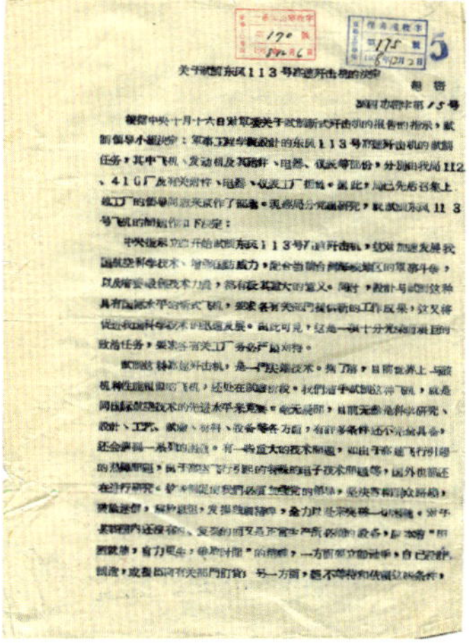

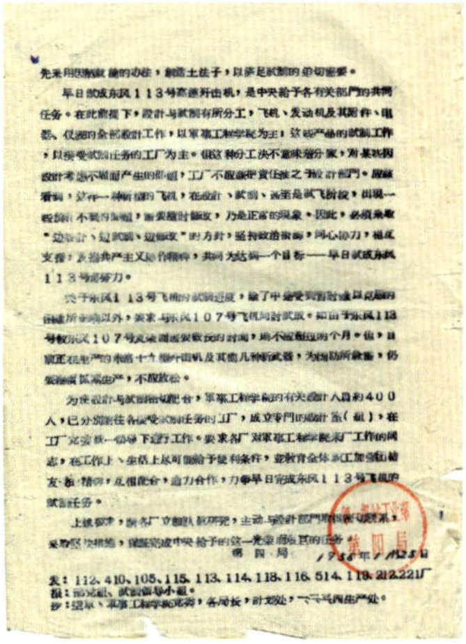

《关于试制“东风113”高速歼击机的决定》

“东风113”这样的高性能歼击机，当时连美、苏两个航空大国都还没有，为此，哈军工投入了大量的人力和时间，但由于当时的工业水平等条件尚不具备，这个项目最终没有成功。敢为人先的科研工作都是成功与失败相伴，但攻关的过程和艰辛付出不会白费，锻炼队伍、积累经验，这些都是项目研究中的宝贵收获。长期参加设计任务的哈军工教师在完成全部设计任务的92%之后，把设计好的338项任务和盘托出；哈军工一批技术骨干调入六院，参加“东风113”设计的相当一部分哈军工学员也被分配到六院，他们成为中国航空工业最早的创业者，在他们的手中诞生了一批代表中国航空工业里程碑式的各型飞机。

# 88

## 哈军工人与歼轰-7、歼-7E、歼-8有什么关系?

哈军工九期学员李洪毅及他的同窗陈昌林、阮仲良等手中诞生的歼轰-7“飞豹”是我国20世纪70年代开始自行设计、研制的全天候、多用途歼击轰炸机。歼轰-7飞机是我国第一款完全自行设计的歼击轰炸机，是真正的“自行设计研制”，而不是仿制；是我国第一款自觉进行可靠性和维修性补充设计的机种；是我国第一次用计算机辅助设计管理系统研制全过程的机种。在歼轰-7研制过程中，大量采用新技术、新工艺、新机载设备，设计与工艺相结合，保证了继承性；采用系统工程的管理办法，推行“全面质量管理”，确保了科研目标和战术技术指标的实现，并创造了多项国内第一。

米格-21系列中性能最好的飞机是歼-7E。哈军工六期学员沙伯南是歼-7E的副总设计师。歼-7E战斗机是歼-7H的一种改进型，是对米格-21系列机动性改进的重大尝试。歼-7E的主要改进是将机翼从过去米格-2一成不变的大后掠三角翼改成了双三角翼，内翼后掠角57度，外翼后掠角42度，并增设了前后缘机动襟翼，使整机的机动性能有巨大提高。同时，歼-7E换装了WP-13F发动机，推力增大10%，提高了中低空机动性，起飞降落距离大为缩短，改进了燃油系统，为空中加油提供了基础条件，提高了续航能力。

哈军工六期学员李明是歼-8总设计师。歼-8是中国在20世纪60年代开始设计研制的双发高空高速截击战斗机，是我国空军和海军航空兵20世纪80年代至21世纪初期的主力战斗机种之一。歼-8开辟了我国航空武器自主研制的新纪元，自1980年服役以来，相继改进、升级出多个系列机型，特别是歼-8Ⅱ型飞机，曾服役三十多年。

我国自行设计的第一架高空高速歼击机“歼-8”

# 89

## 宋文骢担任总设计师的歼-10战斗机有哪些创新性成果？

哈军工三期学员宋文骢是歼-10的总设计师。歼-10是中国自主研制的轻型、多功能、超音速、全天候、采用鸭式布局的战斗机。1998年，歼-10上天，这是我国航空事业里程碑式的跨越，标志着我国自主研制先进战机跻身世界航空先进行列。2005年，歼-10正式装备部队，并在很短的时间内成建制、系统地形成了战斗力。在歼-10研制过程中，还催生了我国第一个航空电子系统研究室、第一个具有国际先进水平的数字式电传飞控系统铁鸟试验台、第一个高度综合化航电武器系统动态模拟综合试验台等航空科研设计方面的多个第一。

我国第一架完全独立拥有自主知识产权的战斗机“歼-10”

# 90

## 中国第一台军用计算机何时诞生?

1958年9月28日凌晨4时，中国历史上第一台军用计算机样机（代号331）在哈军工海军工程系诞生，研究人员有柳克俊、胡志强、胡守仁、陈福接、卢经友、耿忠民、张玛娅、盛建国等，柳克俊任课题组长。当时他们的平均年龄只有25岁，他们在国内计算机一片空白的情况下，边学边干，在一个月内设计出图纸，四个月样机问世。

“331”中第一个3代表三系，即海军工程系；第二个3代表3科，即水中兵器科；1代表第一台军用电子计算机。该计算机全称是：“快艇用快速电子指挥仪”。这是第一代军用计算机的国内首创。随着计算机研制工作的不断推进及科研队伍逐步壮大，形成了一个新的学科，当时三系已有8个专科，计算机就算到了第9科，于是任务代号由331改为901（即9科第一台计算机）。

研制组研制“331”计算机时，我国的计算机事业还是一片空白，研究人员手中只有一些俄文和英文的计算机科普读物。为了给研制组的同志们培训计算机知识，柳克俊编写了讲义。他们一边开办讲座，大家共同学习计算机原理，一边搜集资料，制订方案。苏联顾问听说柳克俊带着一群和他一样大的“毛头小伙子”要搞军用计算机，耸肩摇头，好心劝说：“听我说，聪明的小伙子，计算机不是谁都能搞的，要有顶尖专家才能动手，你们这些同志是不是想得太简单了？”苏联顾问建议先派人去苏联学习，走仿制的路。柳克俊谦虚地笑笑，说：“数字计算工具的祖先‘算盘’就是中国人发明的。中国有五千年的文化，中国人是勤劳、智慧的，中国人为什么不能搞计算机？”事实证明，他们成功了。

“901”计算机样机作为向国庆10周年献礼在北京展出，周恩来、朱德、陈毅、罗荣桓等给予了高度评价。1959年5月，901研制组被评为院先进集体，荣立集体二等功。1959年6月下旬，海军司令部组织901电子计算机鉴定会，决定交701厂制造。

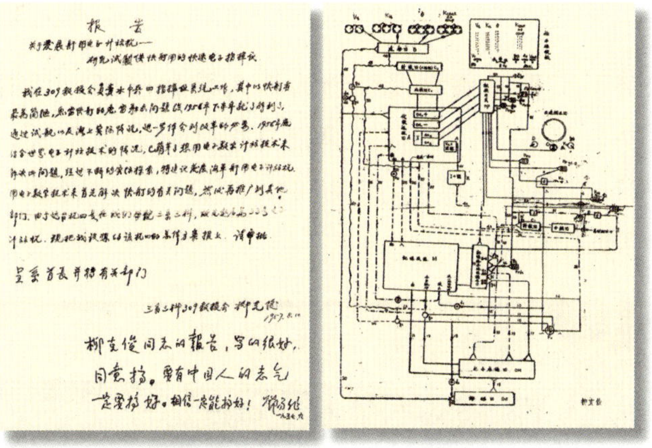


柳克俊的报告及原始设计草图

# 91

## 我国第一台机载电子模拟计算机的主要研制者是谁?

哈军工空军工程系副教授康继昌等人是我国第一台机载电子模拟计算机的主要研制者。1959年，康继昌担任研制组组长，成功地研制了“东风113”机载电子模拟计算机的原理样机，这是我国第一台机载电子模拟计算机样机。

我国第一台机载电子模拟计算机

康继昌大学毕业后，被调到哈军工任教。其间，他荣幸地被批准攻读空军工程系苏联专家的副博士研究生，研究生导师是辛捷耶夫和伏洛诺夫，这两位导师把他带进了神奇的计算机领域。1958年4月，哈军工海军工程系901数字计算机研制组成立，空军工程系派讲师康继昌支援。他攻读副博士学位的课题也有机载数字计算机的内容，于是他一边参与“901工程”，一边思考将计算技术用于机载火控系统，同时顺利完成了论文结业。同年10月，康继昌受命担任“东风113”机载计算机研制组组长，经过一年多的奋战，与电子部十五所合作成功研制出我国第一台机载计算机原理样机。1974年，康继昌主持成功地研制了机载数字式射击瞄准计算机并装备部队。

92

## 我国第一台晶体管通用计算机 441-B 何时完成研制?

我国第一台晶体管通用计算机441-B于1964年完成。

1960年，哈军工组建了计算机专业的第一个学员班——57-323班。1961年9月，慈云桂赴英国访问，写信回国毅然建议停止已经列入计划的电子管机研制。在历时两个月的访问中，他利用晚上的时间就地完成了晶体管计算机体系结构和基本逻辑电路方案，并上报。聂荣臻同志指示：尽快用国产晶体管研制通用计算机。哈军工为第二家参与研制单位。

1962年3月5日，441-B晶体管计算机设计组在哈军工成立。1964年11月，经过332小时25分钟连续考核，441-B整机在没有一点差错的情况下宣告通过验收。441-B晶体管计算机运行持续时间达到当时世界先进水平。国防科委所属17个研究院所技术人员来学院学习后纷纷仿制，441-B占当时全国计算机总量的三分之一。

根据1985年出版的《中国计算机工业概览》一书中的记载："哈军工441-B机的稳定性很高，较之电子管机有很明显的优越性，在试运行期间，已经造成很大影响，对我国计算机进入第二代起到很好的示范作用。"

当时国产晶体管性能差，工作不够稳定。康鹏发明的隔离阻塞式的触发器（也叫推拉式触发器）等计算机电路稳定性好，对于441-B晶体管计算机的研制成功起到了关键作用。1966年，康鹏获国家发明奖，得到"发明证书”及奖章。441-B机当时生产了100多台，供国防及经济重要部门应用，后来国防科学技术大学计算机系研制的其他晶体管计算机也都是用康鹏发明的电路。

这是一次技术革命，第一代电子管技术，中国整整落后了美国12年，而在第二代晶体管计算机441-B问世后，这一技术的差距被缩短到了6年。

我国第一台晶体管电子数字通用计算机——441-B

# 93

## 哈军工的慈云桂教授主持完成了哪些计算机的研制任务?

1954年11月，慈云桂被选调到哈军工，任雷达教研室主任，负责筹建雷达声呐专业。

慈云桂教授从研制电子管计算机开始，继而到晶体管计算机、集成电路计算机，又从一般大型机到“银河”亿次巨型机，完成了计算机事业中的一次次超越，是我国计算机界的一代宗师，被誉为中国巨型计算机之

我国第一台亿次计算机系统——“银河-Ⅰ”

父。他始终活跃在中国计算机科学技术与国防建设的最前沿。他与同事们共同奋战的经历就是一部我国计算机发展史的光辉篇章，为我国计算机科技人才的培养和发展做出了杰出的贡献。

1958年，慈云桂领导研制了中国第一台电子管数字计算机。1961年，他主持研制成功晶体管通用计算机441-B，是我国最早投入使用的晶体管计算机。1964年，国家组织“远望”测量船中心处理机（即151机）论证方案，他率先提出国产化、集成化、百万次级系统的方案，并在极其艰难的情况下获得成功。1974年，慈云桂向党中央提出尽快发展巨型计算机研制的报告。1977年，他担任“银河”亿次计算机研究技术总指挥和总设计师，经过6年的努力，取得了成功，达到国际先进水平，填补了我国巨型计算机的空白，使中国成为世界上少数拥有巨型计算机的国家之一。

# 94

## 研制“银河”系列计算机，哪些哈军工人唱了主角？

“银河”系列计算机研制中，主要参与的哈军工人有慈云桂、周兴铭、卢锡城。

慈云桂（中国科学院院士），于1954年11月到哈军工海军工程系任雷达教授会主任，后出任系教育副主任。慈云桂是我国计算机专业方向的引领者，是我国巨型计算机领域的奠基人，是“银河”事业的缔造者，是中国巨型计算机事业的开拓者，担任银河-I型巨型机的总设计师、总指挥，为开拓和发展我国计算机教育与科研事业做出了杰出贡献，使中国计算机事业进入了一个新的发展阶段。

周兴铭（中国科学院院士），哈军工海军工程系5期学员，毕业后一直在科研第一线从事计算机系统研制工作。党中央、国务院下达研制巨型计算机任务后，周兴铭放弃出国留学机会，担任主机系统研制负责人，仅用5年时间，“银河－I”亿次巨型机就研制成功，我国成为世界第3个具备研制高性能计算机能力的国家。周兴铭没有停止前进的脚步，于1986年以总设计师身份投入到“银河-Ⅱ”10亿次巨型机工程中。这一次，仅用4年就追上了国际上通常需要10年的研制脚步。

卢锡城（中国工程院院士），哈军工计算机系13期学员，是银河系列巨型机主要研制者之一。他亲历并见证了“银河”事业传承、创新、发展的重要时期。1993年，“银河-Ⅲ”百亿次巨型机正式立项。卢锡城回忆道：“虽然沿着既往技术路线也能造出来，但却很难突破更高性能的技术。如果走国际公认的新一代巨型机的技术路线——大规模并行处理机，则难度高、风险大。”“科研攻关，如同打仗攻山头一样，必须杀出一条血路！”作为总指挥，他带领科研团队分析论证后，果断选择了新路线，决定以千亿次量级的关键技术实现百亿次巨型机，确保巨型机全面领先。后来，这种大规模并行处理机成为世界巨型机发展的主流方向。

在“银河”系列计算机研制中，哈军工4期学员张德芳也是主角之一，他是“银河-Ⅰ”巨型机系统结构的主要设计者，后任国防科学技术大学科研处处长。

我国第一台通用十亿次并行巨型机——“银河-Ⅱ”

# 95

## 我国第一个声呐专业是如何创建的?

我国第一个声呐专业是随着1953年哈军工的成立而创建的，最初的教员仅有毕业于复旦大学数理系、调自华东雷达营的何祚镛一人，不久后，又陆续调入辛业友、谢钟朝、王鸿樟、周福。当时雷达专业和声呐专业合在一起，称为“雷达声呐教授会”，这五个人被称为专业的“五虎上将”，是我国第一个声呐专业的“开国元勋”。

1956年，国家制定“十二年科技发展规划”，确定水声学属于国家空白学科。为填补急需的尖端科技领域的空白，国家采取“紧急措施”促进水声学发展，其中一项就是派遣4名科技人员到苏联科学院声学所进修，回国后从事水声领域工作。

1956年10月，海军工程系政委邓易非通知杨士莪说：“经过系里和院里的研究讨论，想派你去苏联进修学习水声。这是国家急需的空白学科，你要积极参加新专业的建设。”1957年10月至1959年11月，杨士莪在苏联科学院声学研究所进修水声学两年。1960年夏，杨士莪回到哈军工后，积极向系里提出拓宽已有的声呐专业，建立一个理工结合、覆盖全面水声专业的建议。杨士莪认为专业设置决定着将来的发展方向和生命力，如果没有一个贯通、全面的专业链条，不对水声专业有整体的把握，要实现这个领域“研究设计”的人才培养目标就会成为空中楼阁。该建议最终获得学院的支持，并抽调人员充实了专业队伍。我国第一个声呐专业就此诞生。

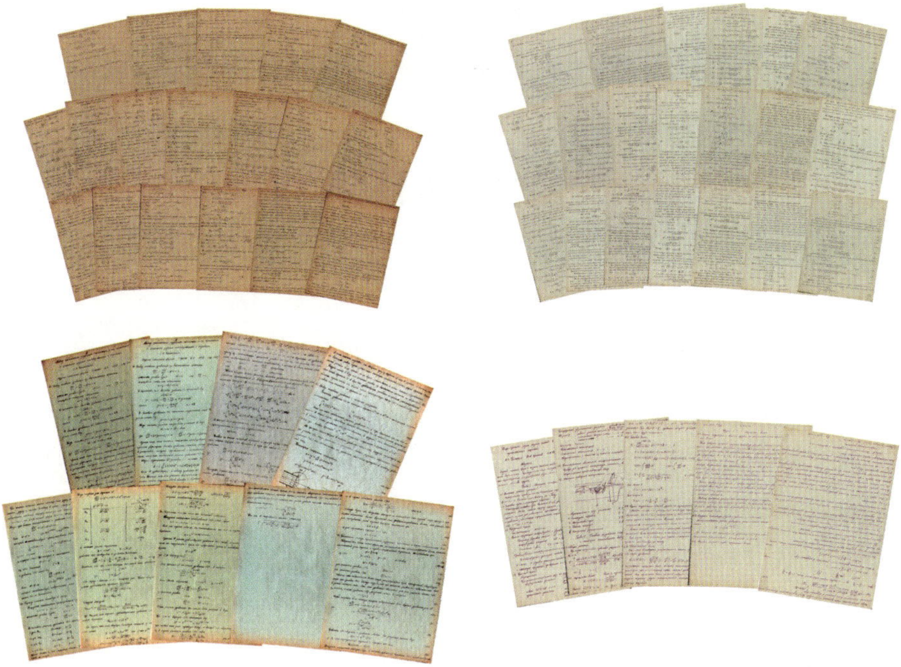

中国水声之父杨士莪院士的科研文献手稿

# 96

## 世界上第一艘气垫船是谁设计的？

1959年7月12日，海军工程系教员恽良等设计的我国第一艘气垫船“33号艇”在旅顺基地顶着五级风浪进行长航试验，并成功抢滩登陆。1956年，顾懋祥副教授在苏联顾问乌沙柯夫那里得知一个重要的消息，即很多国家都在研制气垫船。于是带着建设国防的决心，顾懋祥副教授和青年讲师恽良带领科研团队开始进行气垫船的理论设计。历经半年多的艰苦探索，他们在1957年春天成功研制出了气垫船的船模。

气垫船的建造于1958年初正式开始，命名为“33号艇”，同年7月，气垫船建造成功，被运到松花江进行试验。1959年7月12日，“33号艇”从旅顺的羊头洼飞驰至旅顺西港，全程16海里，最大时速37节，并成功抢滩登陆。这次长航被记录在学院1959年8月1日报给总参谋部《关于“33号”实验艇请示到北京表演的报告》中。

1959年7月25日，英国人科克莱尔设计的气垫船海上长航试验成功，全程25海里，平均时速13节。“33号艇”长航试验成功的时间比英国人科克莱尔早了12天，但是在当时的报道中，世界第一艘气垫船是由英国人科克莱尔发明的，实际“33号艇”才是真正的世界第一。这是怎么回事呢？原来当时党中央认为这项成果十分重要，将其进行了保密，“33号艇”试验成功的消息并没有对外发布。之后在历史条件允许之后我们才进行了公开。在对恽良的采访中，恽良幽默地说："这个官司虽然没人给打，但哈军工的气垫船是得到国际上认可的。""我们的船吨位大，主机功率大，速度也快。"因此，我们既保守了秘密又没有丢失桂冠，可以说是无憾。

我国第一艘气垫船"33号艇"

# 97

## 我国第一艘水翼试验快艇是由哪些哈军工人研制成功的？

1958年6月，在苏联专家乌沙科夫的指导下，成立了以学院教师顾懋祥为组长，朱典明、李谋奇等参加的“水翼快艇试验小组”，在哈尔滨呼兰河中开始了我国第一条水翼快艇的试验。后来，海军修造部、上海交通大学、第二海校和船舶产品设计室也参加了试验工作。

1957年4月，朱德同志参观了折角式水翼快艇的模型试验。1958年8月，彭德怀同志在呼兰河参观了水翼艇试验。1965年，该艇正式定型并批量生产，装备海军。

水翼艇是指艇体下装有浸入水中的水翼的艇。高速航行时艇重完全由水对水翼产生的升力支撑，使艇体全部离开水面，减少了水的阻力，可以达到较高速度。

我国第一艘水翼试验快艇

# 98

## 被誉为“中国试验潜艇之父”的是哪位哈军工老师？

邓三瑞主持了我国第一艘试验潜艇“032”的设计与研制，任我国第一艘核潜艇的总体顾问，故被誉为“中国试验潜艇之父”。1958年，邓三瑞开始我国第一艘试验潜艇的设计，设计方案采取水滴型。“032”潜艇排水量约30吨，围壳舵长度约15米，十字形操纵舵面，圆弧过渡的潜艇围壳，四叶螺旋桨，艇尾部耐压壳体是可拆卸的，以便于安装动力装置和蓄电池组。该潜艇由于尺寸小，因此没有装柴油机，仅仅装备了32千瓦直流电动机，使用铁路行李车上的铅酸蓄电池，航速仅为9节。因为在试验潜艇设计研制方面的丰富经验，邓三瑞后又担任我国第一艘核潜艇的总体顾问。

我国第一艘小型水动力试验潜艇“032”

# 99

## 我国第一艘核潜艇“长征一号”的研制成功，哈军工人做出了哪些贡献？

我国核潜艇工程的代号为“09”工程。“09”工程一波三折，从艰辛上马，到被迫搁置，再到重新启动，可以说哈军工人一直站在我国核潜艇研制的关键位置，发挥了重要作用。

我国核潜艇计划“09”工程始于1958年6月，“09”工程的消息刚刚传出，哈军工人已经走在筹建潜艇核动力装置专业的路上了。学院派出20余人的专业筹建小组参加到我国潜艇核动力装置的研制中。正当核动力装置的轮廓一点点清晰起来时，承诺供应低度浓缩核燃料的外方背信弃义，而我国当时还没有生产能力，研制工作暂时搁置。研制搁置了，但哈军工人办核动力装置专业的脚步没有停。1960年，哈军工潜艇核动力装置专业开始招生。因为某种原因，上级机关要求暂时停办，但哈军工人基于国防发展所需的前瞻性思考，还是坚持办了下来。1964年，我国第一颗原子弹爆炸后，“09”工程再次启动。哈军工核动力装置专业的毕业学员，成为各研制单位争夺的“香饽饽”。这些学员参加了几乎所有我国核动力装置工程的建设，成为其中的骨干力量。

“09”工程启动之初，哈军工开展了解决核潜艇长期水下航行导航问题的研究工作。雷渊超等人提出利用惯性导航系统解决核潜艇导航问题的新方向，并形成了初步方案。该方案与其他单位提出的方案一起在会上研讨，最终哈军工的惯性导航方案被采纳。惯导系统作为“09”工程的关键设备，国家开展了全国协作。其中，与惯导系统配套的平台罗经项目就由哈军工负责。哈军工教师黄德鸣作为平台罗经总体技术负责人，带领教研室同志完成了平台罗经样机的研制工作，为解决“09”工程导航问题做出了突出贡献。

说到“09”工程，我们不得不提到一个人，那就是有着“中国试验潜艇之父”美誉的邓三瑞。20世纪50年代，我国的潜艇事业还是一片空白，即使是制造一艘试验潜艇，困难也是巨大的。邓三瑞团队研制出的我国第一艘水滴型试验潜艇，点燃了暗夜中我国潜艇研制的星星之火，为“09”工程提供了借鉴，积累了经验。

那个年代，核潜艇谁都没见过，可供参考的只有两张外国报纸上翻拍的照片和一个玩具模型。设计方案是“09”工程的关键问题。美国核潜艇的设计经过三个时期才发展到“水滴型+核动力”的阶段。作为核潜艇研制总体顾问的邓三瑞为“09”工程送去了徐徐春风，他设计的水滴型试验潜艇，给设计人员带来很大的信心。哈军工人在设计组里占30%。他们利用算盘和计算尺，计算着成千上万的数据，向未知的水滴线性设计方案发起冲击，边学习边设计边建造，历时5年多，中国第一艘核潜艇终于研制成功了。哈军工人最早参加了“09”工程的科研工作，部分教师担当工程分系统顾问，很多教师承担了工程科研任务，更多的哈军工学子在“09”工程里成长为我国优秀的核潜艇专家。1970年，我国第一艘核动力潜艇下水，被中央军委命名为“长征一号”。从此，中国海军跨进了世界核海军的行列，标志着中国船舶技术发展到一个崭新的阶段。

我国第一艘核潜艇“长征一号”

# 100

## 我国第一艘深潜救生艇是由哈军工的哪些人研制成功的?

深潜救生艇是专为救援失事潜水艇艇员的深海载人潜水器。其工作性质类似宇宙飞船与空间站的对接，执行人员和物资的转运。以哈军工海军工程系张诵尧等人为主要研制者完成的“7103”深潜救生艇是我国第一艘深潜救生艇。该艇的研制成功使我国跻身世界少数拥有深潜救生能力的国家行列。

我国第一艘深潜救生艇

该艇由母船放入水中，快速下潜，自动搜寻失事目标，并迅速靠近失事潜艇，与其对接后将艇员接入救生艇中上浮，为潜艇保驾护航。研制“深潜救生艇”前后花费了15年，很多时间是用来对自主研制的新装艇设备进行改进。张诵尧解决了对口救生系统、浮力调节系统等一系列难题，最终为科研工作献出了宝贵的生命。

1986年6月27日，《解放军报》头版报道：“我国第一艘深潜救生艇完成试验，深潜救生艇研制成功，填补了我国深潜技术的空白，是一项重大的科研成果，从而使我国在研制深潜救生艇的许多关键技术领域跨进了世界先进行列。”

# 101

## 我国第一艘航空母舰辽宁舰有哈军工人的身影吗?

20世纪90年代，我国开始了航母的预研工作。2004年8月，中央军委即开始航母的立项，工程名为“048工程”。哈军工导弹工程系十三期学员高学敏曾任“048工程”建设指挥部政委。哈军工人参与了航母工程的预研立项、论证、改造、设计等各个环节的工作。从顶层设计到宏观管理，再到工程审图，哈军工人都是“048工程”的骨干力量。2012年9月25日，中国首艘航空母舰辽宁舰正式交接入列，交付海军。

我国第一艘航空母舰辽宁舰

# 102

## 我国第一代水陆坦克与哈军工有什么渊源?

1958年8月，中央军委给学院下达了研制我国第一代水陆坦克的国家级任务。在此之前，哈军工装甲兵工程系已相继接受了“轻型坦克”“新型发动机”和装甲输送车等多项研制任务，积累了一些经验。

水陆坦克主要在我国东南沿海及南方水网稻田地带使用，与中型、轻型坦克相比，具有海上及其他水面航行能力的特殊性。当时我军仅有一个水陆坦克团，装备性能落后，已经不能满足需要。研制适合我国国情的水陆两栖坦克是一项十分重要而紧迫的任务。

系党委接受任务后，徐介藩主任决定把设计水陆坦克的任务交给张克劝教员，并让刚刚毕业留校的1期毕业学员杨楚泉作为指导教员，带领2期毕业班的10名学员组成设计组，并明确这是作为毕业设计任务来完成中央军委赋予的国家级任务。设计组成立后，立即兵分两路，一路抓总体论证，另一路抓水上推进部分的方案论证及原理性试验。

在设计过程中，为了研究增加推力，减少阻力问题，学员们充分利用学院具有诸兵种、多学科的技术优势，到海军工程系请教，并利用海军工程系的试验水池进行了多次试验，终于设计出性能先进的水陆坦克。

1959年6月，样车建成，按照军委指示运往十三陵水库表演。同年11月下旬，军委首长朱德、贺龙、陈毅、罗荣桓、叶剑英、许光达和陈赓院长亲临汇报现场，并对研究成果给予了肯定，使大家深受鼓舞。

我国第一代水陆两栖坦克

# 103

## 我国第三代主战坦克是哈军工的哪位前辈设计的?

哈军工炮兵工程系副主任祝榆生是我国第三代主战坦克的总设计师。

20世纪80年代，我国陆军仍然装备着第二代主战坦克。为了赶上世界各国第三代主战坦克的水平，我国加紧了第三代主战坦克的研制工作，当时已经66岁高龄的哈军工炮兵工程系副主任祝榆生接下了这个决定着中国陆军未来的棘手项目。他提出“系统取胜”的研制理念，有效克服了我国

第三代主战坦克

工业技术基础薄弱、零部件产业落后的瓶颈，使99式主战坦克综合性能达到世界领先水平。

1999年10月1日，在中华人民共和国成立50周年国庆阅兵式上，我国自行研制、首次公开露面的第三代主战坦克气势恢宏地驶过天安门广场，接受了党和国家领导人及全国人民的检阅。该型坦克具有优异的防弹外形，其炮塔和车体均采用复合装甲，抗弹能力成倍提高，成为我国陆军装甲师和机步师的主要突击力量。

# 第四篇 分建·奠基

# 104

## “尖端集中，常规分散”的内涵是什么?

“尖端集中，常规分散”，简单说就是尖端专业集中，常规专业分散。

1959年11月19日，哈军工首任院长陈赓大将向中央军委递交了报告，提出学院分建、改建的建议。中央军委第五次办公会议同意了陈赓院长提出的分建、改建建议，并确立了“尖端集中，常规分散”“双方兼顾，照顾尖端”的指导方针。

哈军工在“尖端集中，常规分散”战略实施中，大批专家、学者打破学科界限，大胆开创了我军历史上最新的专业和学科。在1961年暑假之前，全院64个专业的教育计划全部制订出来，计划开出的484门课程中，389门落实到了教师，259门课程拟订了教学大纲，164门课程已有教材。从新学期开始，即按分建改建后新的培养目标、教育计划开始教学，艰难而稳步地登上了新台阶。

“尖端集中，常规分散”的思想，不仅为学院之后的第二次分建提供了经验与指导思路，更为今后中国军事技术教育的格局奠定了基础。

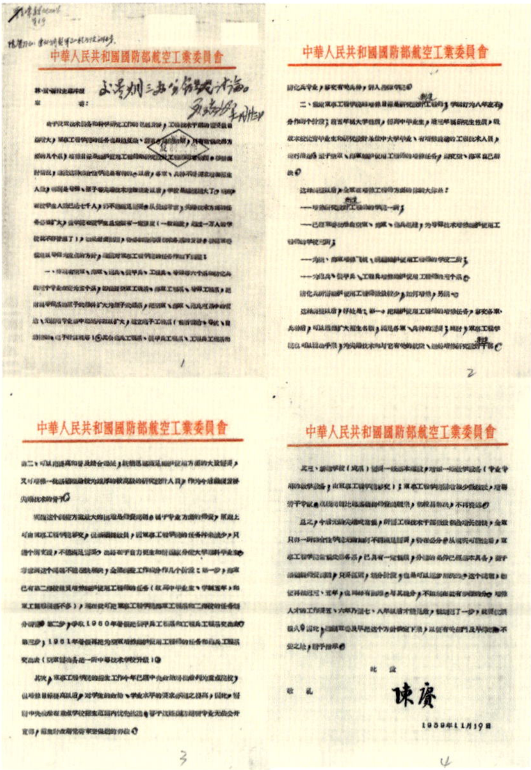
中華人民共和國國防部航空工業委員會

中華人民共和國國防部航空工業委員會

中華人民共和國國防部航空工業委員會

中華人民共和國國防部航空工業委員會

陳賡

1959年11月19日

哈军工分建报告

# 105

## 哈军工第一次分建的具体情况如何？

哈军工创建之初，按军兵种设置了空军、炮兵、海军、装甲兵、工兵共5个工程系。20世纪50年代末60年代初，哈军工的发展进入鼎盛时期，全军只办一所综合性高等技术学院已不能满足国防现代化建设的需要。1959年11月，陈赓院长给中央军委写报告，提出学院分建、改建的建议。中央

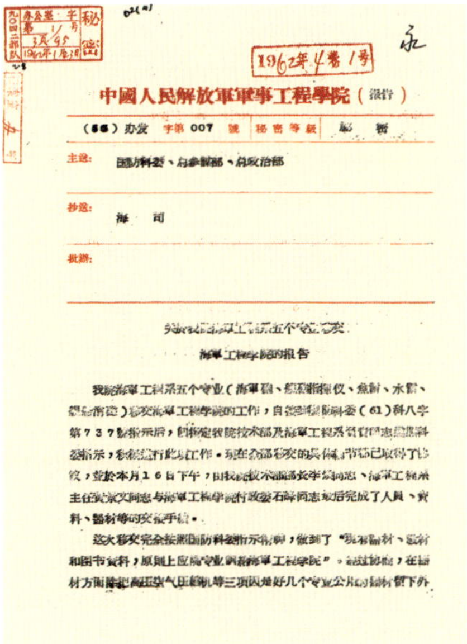

中國人民解放軍軍事工程學院（報告）

（56）办发字第007號　秘密等級　秘密

主送：国防科委、总参谋部、总政治部

抄送：海司

批辦：

海軍工程學院的報告

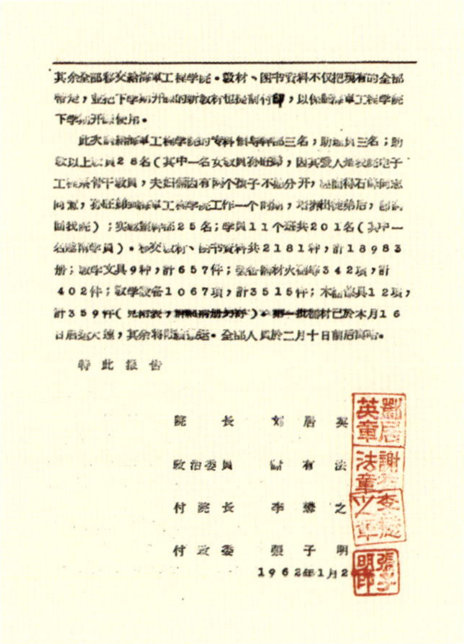

特此报告

院长　刘居英

政治委員　谢有法

付院长　李懋之

付政委　张子明

1962年1月2

《关于我院海军工程系五个专业移交海军工程学院的报告》

军委第五次办公会议同意了陈赓院长提出的分建、改建建议，并确立了“尖端集中，常规分散”“双方兼顾，照顾尖端”的指导方针。1959年12月31日，中央军委第十五次办公会议针对哈军工改建、分建做出决定，并将其作为军委常委会议文件第六号下发。在“尖端集中，常规分散”“双方兼顾，照顾尖端”指导方针的指导下，中央军委决定将哈军工的炮兵工程系、装甲兵工程系、工兵工程系、防化兵工程系分出，移交有关兵种，分别成立炮兵工程学院、装甲兵工程学院、工程兵工程学院、防化兵工程学院。海军、空军各新建一所工程学院，分别为海军工程学院、空军工程学院，并将哈军工的军械科学研究所拨给炮兵建制。保留空军工程系、海军工程系、导弹工程系，把导弹工程系的原子武器科扩大为原子工程系，把空军、海军、炮兵三个系的雷达、无线电专业集中起来加以扩大，建立电子工程系。

# 106

## 为什么说哈军工的第一次分建是勇担使命的主动选择?

集中力量建设一所综合性的军事工程学院，是因为当时各军兵种没有条件分别建立高等技术院校所采取的措施。在哈军工正式开学之前的建院方案中就曾提出，各系应尽量包括未来各军兵种教学组织的全部雏形，在条件基本具备时单独成立学院。20世纪50年代中后期，全军各兵种所需军事技术干部数量日益增加，只办一所综合性军事技术院校，已不能满足国防需要。

1959年11月，身兼解放军副总参谋长、国防科委副主任、国防部副部长等要职的陈赓院长，站在国防建设的全局和国防科技发展需求的历史高度，向中央军委上报了学院分建和改建的建议。

他在报告中分析了分建和改建的原因："由于我军技术装备和科学研究工作迅速发展，工程技术人才需求量日益增大，特别是导弹、原子等尖端技术的需求，学校规模也将越来越大，如面面照顾，势必削弱尖端技术各系的发展。"陈赓院长在报告结尾表达了学院分建的迫切性："分建已势在必行，与其晚分，不如现在有步骤地分，建议军委及早确定方针，相关部门及早筹划。"

1960—1962年，哈军工分建，共迁出17个专业、541名教师、282名教辅人员，约占原有教员、专业的45%。哈军工无私地扶持和支援了一批高水平的军事工程学院的建设，支撑着祖国的国防科技事业。

哈军工人在自己发展的鼎盛时期做出“尖端集中，常规分散”的战略决策，体现的是一种心系大局的胸怀。在无私分建、全力支援的实际行动中，哈军工人没有“割肉之痛”，只有“再建新功之勇”。哈军工的分建、改建，表现了哈军工人对自己在国防科技事业中所承担的历史使命的高度自觉，再现了哈军工人忠诚国家整体利益的强烈的使命感与责任心。

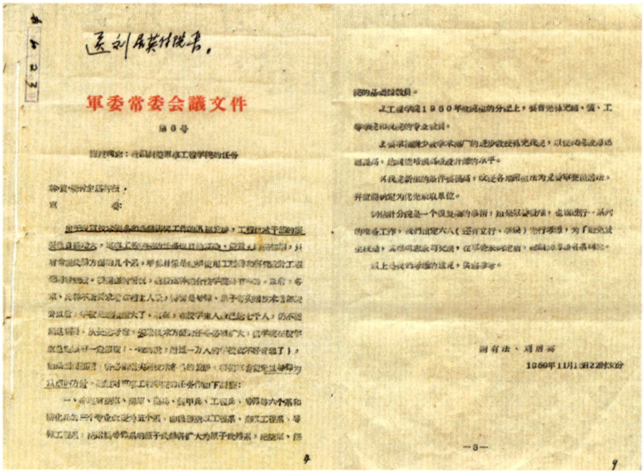
軍委常委会議文件

第6号

—6—

军委常委会议文件第6号

# 107

## 我国军事技术教育的大格局是如何奠定的？

20世纪50年代中后期，全军各兵种所需军事技术干部数量日益增加，只办一所综合性军事技术院校，已不能满足国防需要。1959年11月，陈赓给中央军委写报告，提出了关于哈军工分建、改建的建议。12月底，中央军委办公会议采纳了陈赓的建议，并以“尖端集中，常规分散”“双方兼顾，照顾尖端”为方针指导“哈军工”分建。经过这样的调整之后，我军培养技术干部的体制形成三级：中级技术学校，培养一般技术干部；军兵种工程学院，培养维护、使用工程师；军事工程学院，培养研究、设计、

哈军工后裔装甲兵工程学院树立的溯源石

制造工程师。从此，军事工程学院成为我军尖端科技人才培养的摇篮。哈军工的分建、改建对中国高等军事工程教育体系的形成起到了奠基性的作用，其孕育的种子不断开花结果，为促进我军武器装备的现代化，为建立巩固的国防做出了不可替代的贡献，对后来我国高等军事技术教育的格局产生了深远影响。

# 108

## 哈军工分建后的“拔青苗”是什么意思？

1960年，哈军工在陈赓院长的倡导下正式开始分建，标志着我国国防教育史上一次轰轰烈烈的调整工程正式开始。在改建、分建的过程中面临的一个严重的困难就是师资的缺乏，为保证教学，学院需要教师1 600名，但仍缺额900名。为此，学院请求国家调拨559名大学毕业生作为师资培养对象，但也只批准140名，实到120名。后经中央军委批准，学院开展了“拔青苗”运动，即从学院3，4，5，6期学员中选拔432名“青苗”，分到各系的专业教研室和教务部所属各基础课教研室，各教研室组织老教师对“青苗”进行培训，为他们讲授新课程；“青苗”们承担助教工作，补做毕业设计，很快就成长起来了。

“拔青苗”运动一定程度缓解了师资力量匮乏的问题。这种做法并非揠苗助长。钻研务实的哈军工人靠着自学俄语，阅读外文材料，编写自用讲义和教材，培养了一批批德才兼备的学院教师队伍。

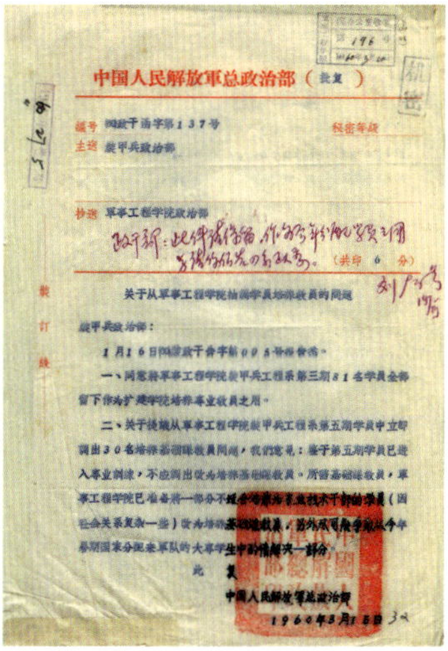
中国人民解放軍总政治部（批复）

关于从军事工程学院抽调学员培养教员的问题

中国人民解放軍总政治部

总政治部对学院抽调学员培养教员报告的批复

# 109

## 导弹工程系是如何成立的?

1954年9月，陈赓院长随彭德怀、刘伯承率领的中国军事代表团赴苏联参观核原子背景下的军事演习，回国后，陈赓院长开始思考我国能不能研发导弹，着手筹备培养我国导弹、原子弹方面的高等军事科技人才及相关工作，并与首席顾问奥列霍夫商量此项工作。1955年上半年，由任新民教授起草，周曼殊执笔，任新民、金家骏、周曼殊三人撰写完成了《对我国研制火箭武器和发展火箭技术的建议》的上报稿，同年11月由学院转呈中央军委。这个报告是在陈赓院长策划下，由中国军事科技人员第一次正式向中央军委提出的建议我国应当重视研制火箭武器和发展火箭技术的报告。1955年11月25日，陈赓院长从北京乘飞机赶到哈尔滨，晚上在大和旅馆的顿和餐厅宴请来哈军工考察的钱学森博士。席间陈赓院长迫不及待地向钱学森提出了他一直在思考和谋划的问题：“钱先生，您看，中国人能不能（自己）搞导弹？”两弹元勋钱学森晚年回忆说，回国后第一个跟我说搞导弹的是陈赓大将。

1956年10月，刚刚成立的国防部导弹研究院急需火箭专家、教授，陈赓院长将哈军工任新民、梁守槃、庄逢甘、朱正四位专家调国防部导弹研究院以支持国家建设，后又调哈军工副政委刘有光、保卫部部长陈信、卢庆骏教授到国防部导弹研究院任职工作。1957年9月，中央军委批准了哈军工成立导弹专业，设立导弹专科（为空军工程系七科）的报告。1958年9月，陈赓院长批准了上报给中央军委关于哈军工成立导弹工程系的请示报告，同时报批李开湘少将为导弹工程系政委、戴其萼为副主任（主任空缺）的任职报告。1958年10月30日，中央军委660号文件批复哈军工导弹专科改建为导弹工程系，系设置以导弹、核原子武器等学科7个专业教研室，编制序列为哈军工第七系，代号中国人民解放军9042部队七支队。后来，哈军工空军工程系又成立了空空导弹专业。

几年后哈军工导弹工程专业的毕业生先后被分配到了国防部导弹研究院、导弹试验基地、海陆空三军各部队、院所、军工企业等，他们有许多人后来成为了多个型号的导弹总设计师、系统设计师。

中國人民解放軍軍事工程學院（命令）

（58）干任字第073號 秘密等級

主送：院办公室、各部、系、予科、干部科、軍衛科、組織科

抄送：

批辦：

唐鐸等任职

任命空軍工程系主任唐鐸兼任該系七科主任。

任命苏克为空軍工程系七科付政治委員，免去其該系机場建筑科政治委員职务。

任命周祖同为空軍工程系七科付主任，免去其該系該科主任职务。

院长 陈赓

政治委員 谢有法

付院长 刘居英

1958.8.19.

任命导弹原子科主任文件

# 110

## 防化兵工程系成立的具体情况如何?

1958年3月，中央军委决定在哈军工组建防化系。随后，北京化学兵学校刘君杰副校长奉命带领该校工程系30多人到达哈尔滨，参加建系筹备工作。经过一年多的努力，1960年5月组建了3个专科（专业），分别为防化学武器、防原子武器、化学防护装备器材，附属在炮兵工程系由炮兵系代管，分别称为7，8，9专业。

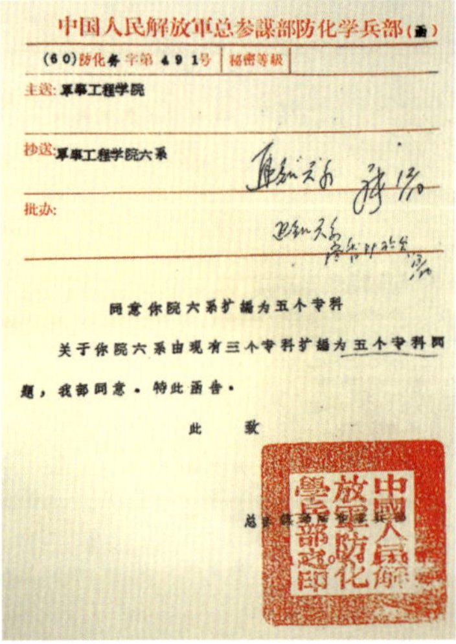
中国人民解放軍总参謀部防化学兵部(函)

(60)防化务字第491号 秘密等級

主送：軍事工程学院

抄送：軍事工程学院六系

批办：

同意你院六系扩编为五个专科

关于你院六系由现有三个专科扩编为五个专科问题，我部同意。特此函告。

此 致

总参谋部防化学兵部

总参谋部防化学兵部同意防化兵系专科扩编的批复

1960年6月，在炮兵工程系迁出后留下的三个防化兵专业的基础上，哈军工又成立了防化兵工程系，刘君杰为系主任，赵阳为系政委，李民为系副主任，设化学战剂、化学兵器、化学防护、剂量探测、原子防护5个专科。到1961年，该系完成了80%的课程准备，调进一批优秀教员，招收了500多名新生。同年8月，防化兵工程系迁往长春，成立防化兵学院，后迁往北京，现为中国人民解放军陆军防化学院。

# 111

## 哈军工何时成立原子工程系和电子工程系?

1961年8月8日，哈军工以导弹工程系有关核弹头的几个专业与海军工程系的反应堆工程专业为基础组建了原子工程系，设内爆装药设计、炸药化学与工艺、核装药设计、引爆装置设计、核爆炸产物分析、核爆炸杀伤因素测试分析、核动力工程及核动力装置自动控制8个专业3个教研室，1965年调整为6个专业6个教研室，即内爆装药设计、炸药化学与工艺、核装药设计、引爆装置、核爆炸测试分析及核爆炸产物分析。截至1965年，原子工程系的科研成果主要有第一次原子弹爆炸试验所采用的4种核测量仪器和核武器起爆控制系统设备、模拟核爆炸动力学激波管、反应堆结构的热变形问题研究及核爆炸光辐射高温测量装置。原子工程系共招收本科学员9期共1 032名（含该系成立前招收的学员），毕业1 015名。祝玉璋任原子工程系主任，贺达任政委。

1961年8月8日，学院以空军工程系和海军工程系的电子类型专业为基础组建了电子工程系，设雷达、导航、无线电通信、军用电子计算机、微波工程和电子对抗6个专业，设6个专业教研室和无线电基础教研室，1962年调整为9个专业，1965年时有雷达、雷达侦察干扰、无线电通信、无线电导航和电子计算机5个专业及相对应的5个专业教研室。电子工程系的科研成果主要有3公分（厘米）波导测量装置、核动力潜艇水声通信识别机、潜艇导航“长河二号”水下接收机、多波道侦察接收机、空军回答式电子干扰机、海军水声通信机、441-B晶体管通用电子数字计算机及舰用远程对海警戒雷达等。电子工程系的一些专业在1956年（建系前）就有学员，到1965年共招收本科学员10期共2 494名，毕业2 150名。杜鸣柯任电子工程系主任，赵阳任政委。

原子工程系和电子工程系成立大会会场

# 112

## 哈军工计算机系哪年成立的?

1960年4月11日，国防部第五研究院院长钱学森致信国防科委秘书长安东，针对哈军工调整后专业设置的问题提出建议：在原计划设的五个系之外，再设一个“技术数学”(或名“工程数学”)系。这个设想由于种种原因当时没有落实，后来在国防科学技术大学得到实现。这个系分别设置两个专业，其中计算数学专业为国防科学技术培养使用电子计算机的程序设计人员，也培养战术计算机械化的人员；运筹学专业为国防科学技术培养武器使用理论、战术计算理论、后勤物资调度理论的人员。钱学森在信的最后写道：“能不能本年秋天即开始招生。”足见我国的导弹事业对这方面人才的迫切需求。时任学院院长兼国防科委副主任的陈赓批示道：“这样的专业，对军事科学是不可缺少的。我意在五个系外另成立一个工程数学系，请刘、谢考虑，着手准备。因为这门专业你们已有基础。”

1960年10月，海军工程系指挥仪与电子计算机科组建，1961年，在电子工程系中设军用电子计算机科。1962—1965年，哈军工慈云桂教授和青年教师一起，开展了诸多和计算机相关的科研工作。1966年4月，学院下发文件，成立电子计算机系，由慈云桂任主任，下设导弹指挥仪科、电子计算机科。

哈军工是我国最早创建计算机学科和专业的高等院校。1900年，在

“尖端专业集中，常规专业分散”办学原则的指导下，哈军工成立了最早的计算机系，作为高水平计算机专业人才的孵化载体，通过理论与实践的合力作用，培养了一大批日后在“银河”“天河”等工程实践中承担重要任务，发挥重大作用的核心技术骨干和管理人才，在中国计算机教育史上写下了辉煌一笔。

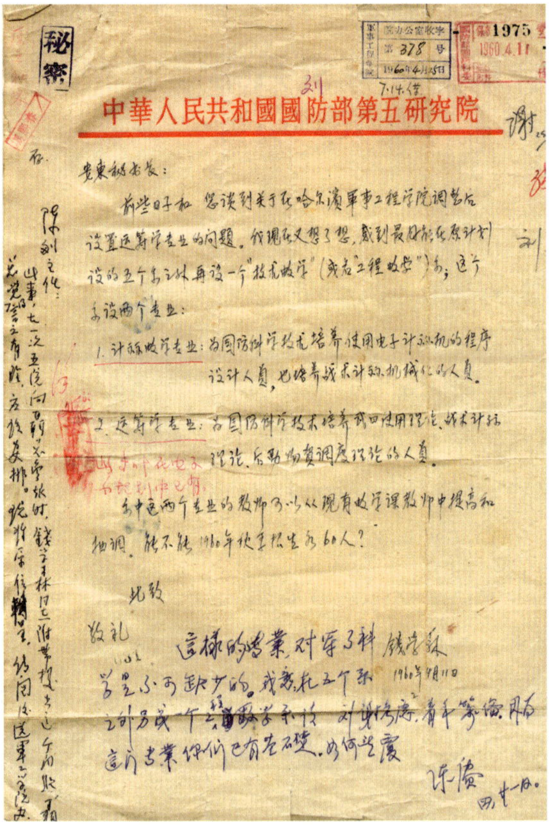
秘密

中華人民共和國國防部第五研究院

贵东秘书长：

前些日子和您谈到关于在哈尔滨军事工程学院调整后设置运筹学专业的问题。我现在又想了想，感到最好能在原计划设的五个系之外再设一个“技术数学”（或者“工程数学”）系，这个系设两个专业：

1. 计算数学专业：为国防科学技术培养使用电子计算机的程序设计人员，也培养战术计算机械化的人员。

2. 运筹学专业：为国防科学技术培养对口使用理论、战术计算理论、后勤物资调度理论的人员。

系中这两个专业的教师可以从现有数学课教师中提高和抽调。能不能1960年秋季招生各60人？

此致

敬礼

钱学森

1960年4月11日

这样的专业对军事科学是不可缺少的。我意在五个系之外另成立一个工程数学系较好，请着手筹备。所有这门专业你们已有基础，如何望复

陈赓

四．廿一日。

钱学森同志建议哈军工建设工程数学系的信

# 113

## 哈军工何时更名为哈尔滨工程学院?

1965年8月，国防科委请求中央军委改变哈军工的军事体制和编制，以便使之成为与国防科委所管辖的8所地方院校性质相同的学校。10月21日，中共中央（65）中发620号文件中说：“军事工程学院等三所院校集体转业，不再列入军队序列。军事工程学院改称‘哈尔滨工程学院’，1966年1月1日执行。”12月19日，中央军委第261次办公会议讨论决定，由于组建领导班子、调整交流干部、移交武器装备、接转供给关系等需要一定时间，军事工程学院等学院改制问题推迟到1966年4月1日执行。

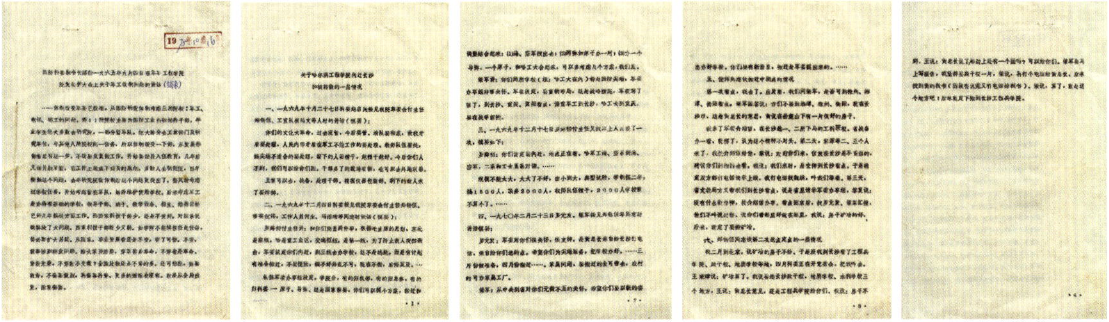

国防科委秘书长路扬关于哈军工改制问题的讲话

哈军工退出部队序列，关于这段历史，至今为止仍然没有确切的描述，无论是什么原因，最终的结果是哈军工近2万军人一夜之间变成了普通百姓。哈军工的所有现役军人，从将军到校官，从尉官到学员，都摘下了自己军装上的帽徽和领章，留给哈军工人的仅有那泛黄的军装和军装上肩章深深的印记。成为老百姓的哈军工人仍然穿着军装办学。在哈军工人心中，哈军工可以退出部队序列，但哈军工人为国防服务的使命与责任不可以改变。1966—1970年，退出军队序列后的哈军工改称“哈尔滨工程学院”，刘居英任院长兼党委书记。

# 114

## 中央军委何时下达哈军工第二次分建的决定？

1969年3月，中苏两国在黑龙江珍宝岛发生军事冲突，彻底决裂。10月，黑龙江省革命委员会要求哈军工向五常县（今五常市）山区作战备疏散。1969年12月4日，国防科委副主任罗舜初传达中央军委指示："根据毛主席的思想，东北是前线，哈尔滨是重工业区，交通枢纽，是第一线，为了防止敌人的突然袭击，军委决定学院要内迁，到三线去办学……这是国家的需要。"12月20日，国防科委传达中央军委指示，根据尖端集中，常规分散和实行三结合的原则，一批院校要分建。经国防科委和各总部、军兵种协商后决定：哈军工主体（院直领导机关、4个系及基层单位）内迁到长沙；航空工程系迁往西安，并入西北工业大学；原子工程系迁往重庆市，组建重庆工业大学；海军工程系暂留哈尔滨，改名哈尔滨船舶工程学院；风洞实验室改名风洞研究所。哈军工迎来刚刚分建不到五年后的第二次变迁。

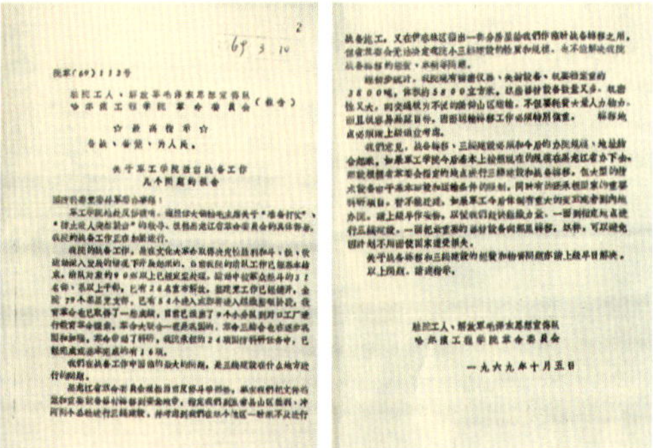
关于军工学院当前战备工作几个问题的报告

驻院工人、解放军毛泽东思想宣传队
哈尔滨工程学院革命委员会

一九六九年十月五日

《关于军工学院当前战备工作几个问题的报告》

# 115

## 哈军工何时开始正式搬迁?

1970年1月29日，国务院、中央军委《关于改变国防高等院校领导关系的通知》下达。通知指出：中央决定将哈尔滨工程学院、哈尔滨工业大学待专业调整和搬迁后，自2月15日起正式改变建制和领导关系。3月1日，国防科委派出调研组进入学院，主持分建和搬迁工作。7月1日，学院有关系部开始向长沙搬迁，从哈尔滨向长沙发出了第一列专车。至7月12日，共发出10列专列火车和零散车皮550个，发运物资约25 000吨。10月，进入人员搬迁阶段，至11月25日，共计搬迁了1 320户。11月中旬，原哈军工副教育长张文峰被广州军区调到长沙，担任长沙工学院主要负责人。12月1日，根据军委办事组对学院的命名，经广州军区批准，启用“长沙工学院”公章。

哈尔滨工程学院革命委员会搬迁简报

# 116

## 哈军工第二次分建的具体情况怎样?

1969年12月20日，国防科委传达中央军委指示：根据尖端集中，常规分散和实行三结合的原则，一批院校要分建。1970年，国防科委派出调研组来哈尔滨工程学院主持“分建”和“内迁”工作：学院主体，即教务部、政治部、院务部、基础课部、院办公室、电子工程系、导弹工程系、电子计算机系、外国留学生系、综合实验工厂及哈尔滨工业大学力学系内迁长沙，归国务院七机部领导；航空工程系迁往西安，并入西北工业大学，归国务院三机部领导；原子工程系与哈尔滨工业大学尖端专业和为其服务的专业合并，迁往重庆市，组建重庆工业大学，归国务院二机部领导（该学校后来解散，相关专业迁往长沙，成为长沙工学院的一部分）；船舶工程系（即海军工程系）原定到湖北、江苏选址，后留哈尔滨，改名为哈尔滨船舶工程学院，归国务院六机部领导（后经林毅大力支持，船舶工程系并未迁走，留在哈军工原址成立哈尔滨船舶工程学院）；空气动力风洞实验室留哈尔滨，改名为风洞研究所，归国务院三机部领导。

## 哈尔滨工程学院分建、搬迁示意表

| 分建单位 | 搬迁目的地 | 分建安排 | 隶属关系 |
| --- | --- | --- | --- |
| 航空工程系 | 西安 | 并入西北工业大学 | 三机部领导 |
| 原子工程系 | 重庆 | 与哈尔滨工业大学的尖端专业合并，组建重庆工业大学 | 二机部领导 |
| 舰船工程系 | 哈尔滨 | 内迁武汉，改称船舶工程学院；后决定与西北工业大学水中兵器系合并，组建武汉船舶工程学院 | 六机部领导 |
| 风洞实验室 | 哈尔滨 | 成立空气动力研究所 | 三机部领导 |
| 电子工程系、火箭工程系、电子计算机系、外国留学生系、院教务部、政治部、院务部、办公室、基础课部、实验工厂 | 长沙 | 内迁，改名为长沙工学院 | 湖南省革委会、湖南省军区、广州军区、七机部领导 |

# 117

## "军工七校"指哪些学校?

一是国防科技大学。1970年，哈军工二次分建内迁，哈军工的电子工程系、火箭工程系、计算机系及院机关、实习工厂等内迁长沙，成立长沙工学院。1973年，搬迁到重庆组建重庆工业大学的原子工程系归入长沙工学院。1978年，长沙工学院改建为国防科学技术大学。2017年，中央军委决策，以国防科学技术大学、国际关系学院、国防信息学院、西安通信学院、电子工程学院及理工大学气象海洋学院为基础，并将军委装备发展部第63研究所划入，重建国防科技大学，归军委建制领导，是国家"211""985"重点建设高校。

二是哈尔滨工程大学。哈军工海军工程系划归第六机械工业部，留在哈军工原址，成为唯一在哈军工原址办学的哈军工后继者，定名哈尔滨船舶工程学院，1994年更名为哈尔滨工程大学。哈尔滨工程大学现已发展成为国家"211工程""国家优势学科创新平台"项目建设并设有研究生院的全国重点大学，是我国"三海一核"（船舶工业、海军装备、海洋工程、核能应用）领域重要的人才培养和科学研究基地。

三是南京理工大学。1960年哈军工第一次分建后，由哈军工炮兵工程系为基础组建的炮兵工程学院由武汉搬至南京，先后经历了炮兵工程学院、华东工程学院、华东工学院等阶段。1993年更名为南京理工大学，是国家重点建设的“211”工程大学。

四是陆军装甲兵学院。1960年哈军工第一次分建后，以哈军工装甲兵工程系为基础，在西安建立装甲兵工程学院，1969年由西安迁至北京，是全国重点大学，2017年组建陆军装甲兵学院。

五是陆军工程大学。1960年9月22日，工兵工程系分批迁往西安，与长沙迁去的工程兵学校合并，建立工程兵工程学院，后迁往南京，成为解放军理工大学的一部分，2017年组建陆军工程大学。

六是陆军防化学院。1960年哈军工第一次分建后，以哈军工的防化兵工程系为基础，1961年8月在长春组建防化兵工程学院，1977年在北京重建，1979年成为全国第一批重点大学，1986年更名为防化指挥工程学院，2017年组建陆军防化学院。

七是哈军工航空工程系划归第三机械工业部迁往西安，并入西北工业大学飞机工程系。2003年，成立了西北工业大学航空学院，学院在国家航空航天高层次创新人才培养、航空科学与技术的知识创新及社会服务方面发挥了重要作用。

“哈军工”分建院校合作办学备忘录签署仪式

# 118

## 哈军工一共为国家培养了多少名毕业生？

哈军工共计招收了十三期学员，为国家培养了12 139名又红又专的合格毕业学员。他们是新中国培养的同新中国一路成长的第一代国防科技、军事科技人才。据不完全统计，有200多位哈军工学员后来被授予少将、中将、上将军衔。他们当中大部分是科技工作者，形成了“将军院士”“将军教授”的独特景观。学员当中有25人成长为两院院士，在我国国防科技事业发展中发挥着不可替代的作用。教员中还有16人成为两院院士，继续奋战在国防科技事业第一线。

### 哈军工院士名单

| 姓名 | 院别 | 学科类别 | 哈军工履历 |
| --- | --- | --- | --- |
| 任新民 | 学部委员 | 导弹总体和液体发动机技术专家 | 炮兵工程系副主任、教授 |
| 梁守槃 | 学部委员 | 导弹总体和发动机技术专家 | 空军工程系教授 |
| 庄逢甘 | 学部委员 | 空气动力学专家 | 空军工程系教授 |

| 姓名 | 院别 | 学科类别 | 哈军工履历 |
| --- | --- | --- | --- |
| 慈云桂 | 学部委员 | 计算机专家 | 海军工程系、电子工程系副主任，电子计算机系主任 |
| 文圣常 | 学部委员 | 物理海洋学家 | 空军工程系教授 |
| 朱起鹤 | 科学院院士 | 物理化学家 | 物理教研室主任、教授 |
| 顾懋祥 | 工程院院士 | 船舶与海洋工程专家 | 海军工程系教授 |
| 杨士莪 | 工程院院士 | 水声工程专家 | 海军工程系副教授 |
| 徐滨士 | 工程院院士 | 表面工程专家 | 海军工程系讲师 |
| 高伯龙 | 工程院院士 | 理论物理学家 | 物理教研室副教授 |
| 赵伊君 | 工程院院士 | 光学专家 | 原子工程系讲师 |
| 郑颖人 | 工程院院士 | 岩土工程专家 | 空军工程系讲师 |
| 陆埮 | 科学院院士 | 天体物理学家 | 防化兵工程系讲师 |
| 凌永顺 | 工程院院士 | 电子对抗技术专家 | 装甲兵工程系教员 |
| 臧克茂 | 工程院院士 | 火炮控制专家 | 海军工程系讲师 |
| 李坪 | 工程院院士 | 地震构造专家 | 工兵工程系讲师 |
| 钟山 | 工程院院士 | 制导系统工程专家 | 空军工程系1期 |
| 邢球痕 | 科学院院士 | 固体火箭发动机技术专家 | 炮兵工程系1期 |
| 郭桂蓉 | 工程院院士 | 通信与电子系统专家 | 导弹工程系2期 |
| 宋文骢 | 工程院院士 | 飞机设计专家 | 空军工程系3期 |
| 王泽山 | 工程院院士 | 火药专家 | 炮兵工程系3期 |
| 钱七虎 | 工程院院士 | 防护工程及地下工程专家 | 工兵工程系3期 |
| 李鸿志 | 工程院院士 | 弹道学专家 | 炮兵工程系4期 |
| 马远良 | 工程院院士 | 水声工程专家 | 海军工程系4期 |
| 王景全 | 工程院院士 | 桥梁工程专家 | 工兵工程系4期 |
| 周兴铭 | 学部委员 | 计算机专家 | 海军工程系5期 |
| 宫先仪 | 工程院院士 | 水声工程专家 | 海军工程系5期 |
| 王哲荣 | 工程院院士 | 坦克车辆设计专家 | 装甲兵工程系5期 |

| 姓名 | 院别 | 学科类别 | 哈军工履历 |
| --- | --- | --- | --- |
| 王兴治 | 工程院院士 | 飞行器总体设计专家 | 导弹工程系5期 |
| 黄瑞松 | 工程院院士 | 导弹技术专家 | 导弹工程系5期 |
| 李明 | 工程院院士 | 飞机自动化设计专家 | 空军工程系6期 |
| 杨凤田 | 工程院院士 | 飞机设计专家 | 空军工程系7期 |
| 刘怡昕 | 工程院院士 | 弹道学专家 | 炮兵工程系7期 |
| 彭先觉 | 工程院院士 | 原子核物理学专家 | 原子工程系7期 |
| 刘永才 | 工程院院士 | 导弹技术专家 | 导弹工程系8期 |
| 李钊 | 工程院院士 | 地雷爆破专家 | 工兵工程系8期 |
| 顾金才 | 工程院院士 | 岩土工程与防护工程地质力学专家 | 工兵工程系8期 |
| 徐玉如 | 工程院院士 | 船舶与潜艇操纵性能研究专家 | 海军工程系9期 |
| 丁伯南 | 工程院院士 | 直线感应加速器专家 | 原子工程系10期 |
| 卢锡城 | 工程院院士 | 计算机专家 | 计算机系13期 |
| 林俊德 | 工程院院士 | 爆炸力学工程技术专家 | 1960—1962年进修 |

# 119

## 陈赓院长对哈军工乃至中国高等军事技术教育的贡献有哪些?

作为一位伟大的无产阶级革命家、军事家，陈赓的丰功伟绩早已为人们熟知，作为一位杰出的军事教育家，他在哈军工建设和发展过程中所体现出的高风亮节和远见卓识同样令人十分钦佩。陈赓作为哈军工的创始人和第一任院长兼政委，对哈军工乃至国家的高等军事技术教育事业的贡献主要表现在以下四个方面。

一是高标准、高速度创建了中国一流大学——哈军工。哈军工的创建乃至成功是在当时我国国情下，依靠国家决策、集中力量办高等教育的成功范例。在陈赓的推动下，超常规的建设和发展速度使哈军工在不到7年的时间里就在一片荒地上从零一跃成为当时全国20所重点大学之一，使哈军工成为中国高等军事技术教育的一个重要里程碑，它的高起点创建与跨越式发展成为中国高等教育史上的奇迹。

二是推动了哈军工与时俱进，勇攀高峰，追赶世界先进水平。哈军工创建时肩负着为全军培养高层次技术干部的重任。后来，陈赓适时提出了“尖端集中，常规分散”的哈军工分建战略思想。哈军工的分建对中国高等军事工程教育体系的形成起到了奠基性的作用，为促进我国武器装备现代化、建立巩固的国防做出了不可替代的贡献。陈赓放眼世界科技前沿，克服重重困难，在分建后，又果断决策创建了电子工程、原子工程两个系，培养了一批高新技术领域里的骨干力量，在国防事业尤其是“两弹一星”事业中发挥了重要作用。

三是培养了哈军工尊重知识、尊重人才、模范贯彻党的知识分子政策的好传统。陈赓根据哈军工的实际提出了“两老办院”（“两老”指老干部和老教授）和“端盘子”（学员是就餐者，教员是炒菜的，干部是端盘子的，干部是为学员、教员服务的）的办学理念，充分肯定知识分子在办学过程中的主体地位。在当时特定的历史条件下，在一个专门从事国防科技教学与研究的绝密单位，陈赓以超人的胆识和魄力，将“长征两万五”与“十年寒窗苦”相提并论，并作为办院的两大支柱。陈赓这种实事求是、敢作敢为、尊重知识、尊重人才的思想和做法，成为哈军工及其后继者宝贵的精神财富。

陈赓院长铜像

四是以毛泽东同志为哈军工所颁发的《训词》这一办学根本指导思想为统领，提出了以“善之本在教，教之本在师”为核心的治校理念，“教书教人”为基本原则的育人理念，“一中二主三严”（以教学为中心，以学员为主，以教师为主，“严谨、严密、严格”）为主要内容的教学理念，“一切为了学员”的学生工作理念等一整套办学治校方略。这些办学方略在战略层面上行之有效地解决了办学中遇到的诸多重大现实问题，使哈军工在建院初期顺利完成了顶层设计。

哈军工的办学实践充分证明：没有陈赓，就没有哈军工的奇迹与辉煌，就没有新中国国防科技教育事业的蓬勃发展。哈军工虽然已成为历史，但哈军工的精神已经被发扬光大，哈军工的事业正在被不断推向前进。

# 第五篇　纪念·褒奖

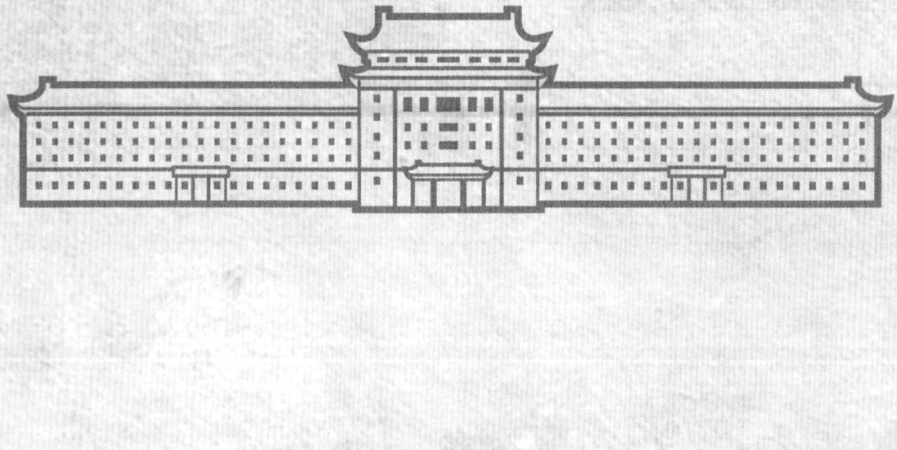

# 120

## 哈军工开学典礼收到了中央哪些领导的题词?

哈军工开学典礼收到了党政军领导人毛泽东、周恩来、朱德、刘伯承、贺龙、罗荣桓等人的题词。哈军工在国家领导人心目中占有怎样的分量，寄托了多少希望，从这些题词中不难体会。

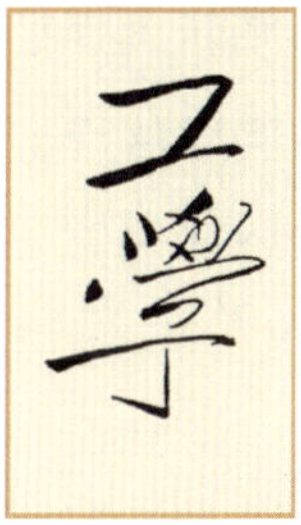

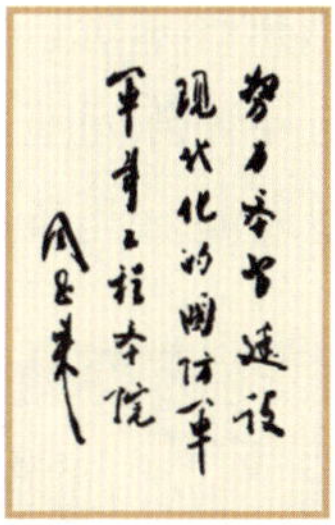

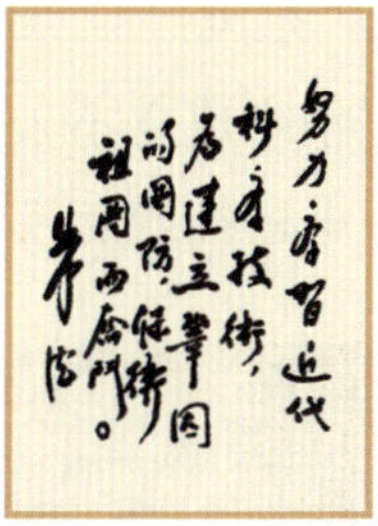

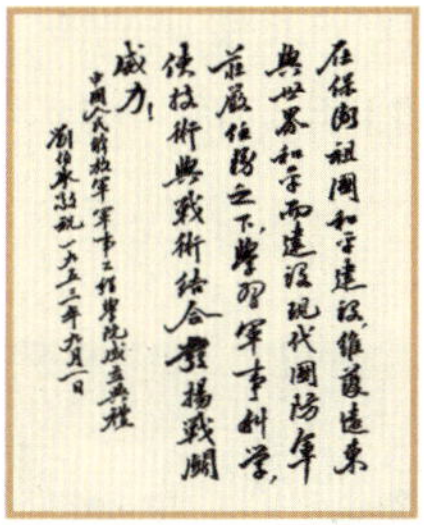

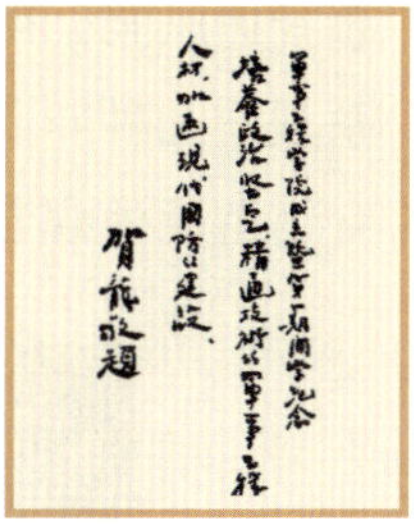

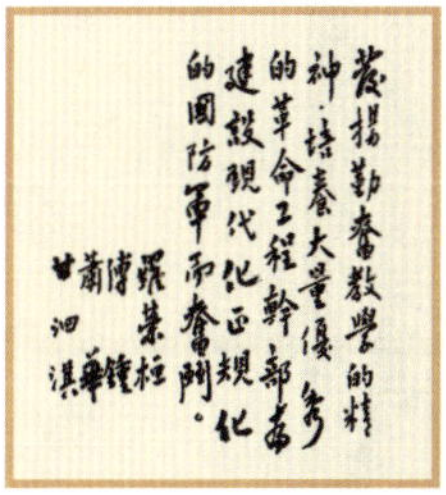

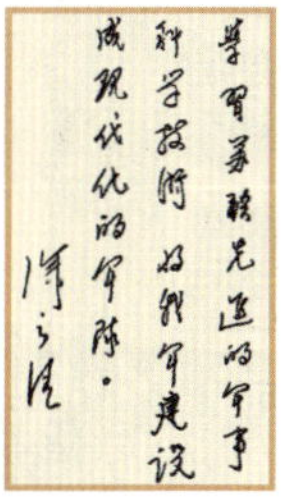

1 2 3 4 5
6 7

1.毛泽东主席题词
2.政务院总理周恩来的题词
3.中央人民政府副主席朱德的题词
4.中央人民革命军事委员会副主席刘伯承的题词
5.中央人民革命军事委员会副主席贺龙的题词
6.中国人民解放军总政治部主任罗荣桓，副主任傅钟、萧华、甘泗淇的题词
7.中国人民解放军总干部副部长徐立清的题词

# 121

## 周恩来同志到哈军工视察过几次?

周恩来同志先后到哈军工视察过两次。

第一次是1959年12月23日，周恩来同志在哈尔滨主持东北三省协作会议期间视察学院。他相继参观了空军工程系新研制成功、刚刚安装起来的超音速风洞，在教学大楼里观看了“东风113”射击指挥系统，到炮兵工程系观看几种新研制的火炮，视察了刚刚成立不久的导弹陈列室。他还在体育馆游泳池观看了海军工程系无线电遥控舰艇模型表演。几条船模在池中

周恩来同志视察哈军工历史事件原址

前进，表演各种战术动作，最后一项是模拟舰对空导弹射击，游泳池棚顶的吊灯为假设敌机，只见一枚“导弹”“嗖”的一声飞离船模，准确击中吊灯的铁罩，发出“咣当”的声音。周恩来同志看到舰对空导弹准确地击中目标，高兴地鼓掌，连声称赞。在视察过程中，周恩来同志多次鼓励学院科研人员要自力更生，还不断询问学员们的学习和生活情况。

第二次是1962年6月中旬，周恩来同志到黑龙江省视察。6月18日晚，周恩来同志在邓颖超和黑龙江省市领导人的陪同下，第二次来到学院，在大礼堂休息室听取刘居英、谢有法简要汇报情况后，到体育馆观看全国甲级篮球赛的一场比赛。因为太忙，篮球赛只进行到一半周恩来同志就离开了。周恩来同志指示学院领导，要把群众性的体育活动开展好。当天上午，周恩来同志还派邓颖超到学院视察了实验室、学员食堂和幼儿园。

# 122

## 朱德同志哪年到哈军工视察过?

1957年4月24日，朱德同志视察学院。朱德同志这次来院视察，参观了各系的教学实验设备，听取了院领导的工作汇报。在汇报时刘居英副院长希望朱德同志与全院师生见见面，讲几句话。朱德同志说："为不影响学员上课，就不集中见面、讲话了，由院领导传达党中央、中央军委领导的期望和要求就可以了。"刘居英副院长坚持并提出保证说："为不影响上课，可用课间的休息时间，集合5分钟，讲话10分钟。"最终朱德同志还是同意了。

消息传到学员队，大家万分高兴。领导们立即周密地布置了接见方式和注意事项。带队的各队长前一天晚上在院统一组织下进行了演练。第二天上午头两节课一结束，这时院区的马路上、操场上没有一个人影，一切都是静悄悄的。预定时间到了，朱德同志在刘居英副院长等领导的陪同下来到操场的讲台上。不一会儿，讲台上发出了号声，顷刻之间，从操场的四周各大楼的后侧，几路学员队伍，在此起彼伏的"一、二、三、四"跑步口号声中，潮水般地涌入操场中心，各学员队迅速跑步到指定地点，即刻整队报告完毕。朱德同志见此情景高兴地笑了，对刘居英副院长说："好！好！好！训练有素，训练有素。"这声音虽然不大，但大家还是听得清清楚楚。之后，朱德同志大声给学员们讲话，他说："看到我国的这个高级的军事技术学府建成了，今年就有一批同学毕业，增加了我国的国防力量，促使军事科学技术的提高，这是很值得高兴的事！”朱德同志接着说：“同志们，今天看到你们，我很高兴，你们学习得很好，训练得也很好，希望你们要不断努力。我到过许多院校，在教学条件和实验设备方面，没有哪个能比得上军工学院。军工学院是党中央、中央军委根据国防现代化的需要，下决心建设起来的，国家财政虽然还有很大困难，但为了建设强大的国防，培养高级军事工程技术干部，国家还是投以重金建设了这所学院。在军工学习的每个学员每年耗资相当200两黄金，这是不小的数目，希望你们不要辜负党和国家的期望，一定要把国防现代化建设重任担负起来……”

11号教学楼

# 123

## 彭德怀同志视察过几次哈军工?

彭德怀同志曾两次视察哈军工。

第一次是在哈军工开学前夕的1953年8月6日至7日，彭德怀同志在完成《朝鲜停战协定》签字回国后，首先到哈尔滨视察即将开学的哈军工。在抵达哈尔滨后的第二天上午，由陈赓院长陪同，彭德怀同志首先到斜纹二道街14号楼和30号楼看望教授、专家。他在饭厅对大家说：“朝鲜战争结束了，我们胜利了，功劳大家都有一分……办学校需要你们，你们为了国防建设，从全国各地来到哈尔滨，我很感谢。”随后彭德怀同志到王字楼、致知楼巡视刚刚建立的基础课教授会，到文庙视察图书馆。在王字楼小礼堂，彭德怀同志同团以上干部见了面。他说：“志愿军在朝鲜作战，基本上还是小米加步枪，以这样劣势的装备，同最现代化的美国军队作战，是很困难的，必须办学校，培养技术人才。”他鼓励老干部努力学习科学文化，积累办学校的经验。

第二次是1958年9月2日至11日，彭德怀同志来学院着重看了各系的科研成果，并由刘居英副院长、张衍主任陪同，到哈尔滨附近的呼兰河观看海军工程系的科研成果——水翼艇和气垫船的水上试验，并乘水翼艇在湖上航行一圈。彭德怀同志高兴地说：“水翼艇快，可以打游击，以小打大，很适合我国的战略方针。”他对主持试验的顾懋祥副教授说：“搞科学研究，不要怕失败，从失败到成功是客观规律。”接着他又进一步指示：“一定要保密。”在各系视察时，彭德怀同志反复强调要加强各系、各专业之间的协作，说：“院党委有责任使各系相互了解，系党委要使各专业之间相互了解，保密只对敌人……青年人方向一搞对头，敢想敢干，常常超过老年人。”在空军工程系和海军工程系，他鼓励大家说：“搞设计是为了共产主义事业，不是为了个人名利，你们要作无名英雄，趁人家不相信我们能搞出名堂的时候，搞出名堂来。”彭德怀同志这次视察历时10天，中途有事还回北京一趟，但马上又回来了。彭德怀同志日理万机，能在哈军工一住10天，可见其重视程度。彭德怀同志视察哈军工后给中央写报告说：“军事工程学院经过了四五年的经营，规模很大，在远东可能是唯一的。”

21号教学楼

# 124

## 哪位领导在哈军工视察时发表了“又红又专”的讲话？

1963年6月18日，陈毅同志来学院视察，在体育馆二楼平台上，给大操场上的万名师生讲话，号召学员走“又红又专”的道路。陈毅同志指出，希望全体同学，依靠党，依靠组织，依靠自己的努力，把学习、工作、身体都搞好，成为社会主义祖国有用的人，要在前人成就的基础上，有所创造，有所发展，从尖端走到更高的尖端。

“又红又专”，是要求学院培养的毕业生在政治上必须有社会主义觉悟，有为人民服务和献身祖国国防现代化建设的思想；在技术上必须精通本专业的科学技术知识，能够完成所承担的国防现代化建设的各项具体任务。

31号教学楼

# 125

## 陈赓和钱学森之间被誉为经典问答的对话都说了什么？

1955年10月，在毛泽东同志和周恩来同志的直接关照下，钱学森回到了阔别多年的祖国。为使他尽快了解国内的建设情况，中国科学院安排他参观国内重工业城市，于1955年11月23日抵达哈尔滨。在北京的陈赓闻听此事，乘飞机赶回了哈尔滨。陈赓当晚在大和旅馆的顿河餐厅宴请钱学森。席间，陈赓与钱学森谈起了火箭问题。

陈赓对钱学森说："钱先生，您看我们能不能自己制出火箭来？"

钱学森说："为什么不能？外国人能造出来的，我们中国就不能造出来？难道中国人比外国人矮一截不成？"

陈赓豪迈应道："钱先生，我要的就是您这句话！"

这一段著名的问答，足以彪炳新中国航天史，激发出无数中国人的民族自信和爱国豪情。

然而鲜为人知的是，钱老对于中国火箭事业的信念，不仅来源于身为华夏子孙的赤子之心，还因为1955年11月25日这天下午，他在一栋神秘建筑中的参观经历。这栋神秘建筑就是哈军工炮兵工程系大楼，即如今哈尔滨工程大学校园内的21号楼，南京理工大学的发源之地。1955年11月25日下午，在炮兵工程系208实验室，钱学森见到了从华东军区司令部军事科学研究室调到哈军工的火箭专家，即后来的"两弹一星元勋""中国航天四老”之一的任新民。任新民陪同钱学森看了固体火箭试验车，钱老称赞说：“不容易！你们的研究已有相当的深度，尽管条件有限，毕竟已经干起来了。能迈出这一步，实在出乎我的意料！”钱学森对陪同参观的徐立行说：“任教授是你们的火箭专家，今天我有幸认识了他。”正是这段参观经历，让钱老了解了中国火箭事业的发展现状，让他在陈赓大将面前，充满底气地说出了那段荡气回肠的宣言。

油画《经典问答》

# 126

## 哈尔滨市地标建筑防洪纪念塔和哈军工有什么关系?

1956年和1957年，哈尔滨连续遭受洪水的侵害，尤其是1957年发生的特大洪灾，对哈尔滨及周边造成了严重的破坏。为助力抗洪救灾，从1957年7月9日到9月17日，哈军工从将军到学员、从职工到家属，先后出动10万多人次参加哈尔滨市的防洪抢险。

本年的抗洪中，哈尔滨防汛指挥部将最关键的东段险堤加高加厚和防险抢险任务交给了学院。这段江堤经高水位多日浸泡，早已经是千疮百孔了，几小时就被冲出一个大口子，渗漏、管涌、滑坡，险情不断。如果不守住这段险堤，全市多日的抗洪成果将功亏一篑。学院抗洪技术指导组组长殷之书教授本是土木工程师，但在水利工程上颇有研究。面对滑坡险情，他建议放弃传统填土的方法，采用挖导渗沟，排水导渗。在20多个昼夜抢险中，殷之书指导大家排除了两次特大险情、8次中等险情，解决了管涌穿堤等问题。哈军工人运用科学精神和专业知识战胜天灾，为哈尔滨市的抗洪胜利立下了赫赫战功。在抗洪救灾过程中，哈军工涌现出一批防洪模范，受到地方党委和政府的表扬，有1 466人立功受奖。其中，一等功10人，二等功190人，三等功1 266人。

1956年和1957年两战洪魔的实际行动，正是毛泽东同志为学院颁发的《训词》中所倡导的全心全意为人民服务精神和自我牺牲的英雄气概的最

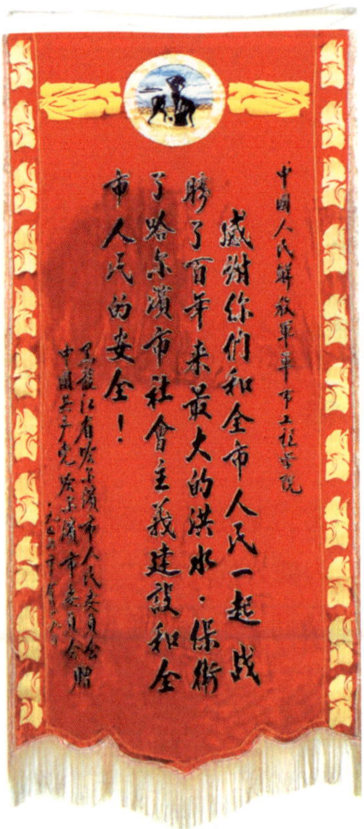


哈尔滨市委、市政府授予学院的抗洪锦旗

好证明。战胜洪水后，哈尔滨市在松花江畔竖立了一座高大的防洪纪念塔，时任市长吕其恩对刘居英副院长说："纪念塔上解放军的塑像中就有你们哈军工人的形象"。

由于哈军工全院出动保护当时防汛最险要的一段江堤东大坝（铁路桥以东），后来东大坝便被哈尔滨人以哈军工的代号为名，称为103大堤。哈军工与哈尔滨同呼吸、共命运的往事被世人永远铭记。

# 127

## 如何看待哈军工的历史地位？

哈军工为党和国家、军队及国防科技事业培养出了大批领军人才，创造了众多的科研成果，也为它所在的城市哈尔滨做出了历史性的贡献，产生了重要的历史性影响。哈军工的历史贡献主要表现在人才培养、科研成果和社会贡献三个方面。

首先，在人才培养方面，哈军工办学13期，共培养了1万2千多名合格毕业生，据不完全统计：哈军工共有41人成长为两院院士，有近200位哈军工人被授予少将、中将、上将军衔，哈军工还走出了25位省部级领导和31位高等院校的校长（院长)、党委书记。哈军工培养出的以院士为代表的科技领军人才，为我国的科技尤其是国防科技事业做出了卓越贡献；培养出的以将军为代表的军队高级管理及科技人才，他们当中一部分是高科技工作者，另一部分则是国家党、政、军各部门的负责人，为国防科技事业做出了独特贡献；培养出的科技精英，推动着我国的科技事业不断前进，尤其在我国科教兴国战略具有开端意义的“两弹一星”事业中，哈军工人发挥了不可替代的作用。

其次，在科学研究方面，哈军工和哈军工人创造了诸多的“共和国第一”的科研成果。这些科研成果满足了国家和国防急需，代表了相关军事科技领域的最高水平，推动了国防事业的进步，成为中华人民共和国成立初期强国安邦的利器。科研创造中体现出来的爱国主义精神、集体主义精神、创新精神等，都是哈军工文化的重要构成。

最后，在社会贡献方面，哈军工作为一所面向国防科技事业的大学，除了在立足大学这个定位基础上，出色地完成了自身人才培养、科学研究两项重要使命，并做出了突出贡献之外，在面向自己所在的城市，面向社会等更广泛的领域，也都做出了自己特有的贡献。哈军工的社会贡献是哈军工文化的生命力所在和价值所在。

哈军工与哈尔滨在文化上互融互促，哈军工办学中的文化元素，也已成为哈尔滨城市文化的重要组成元素。1956年和1957年，哈尔滨遭到特大洪水侵袭，哈军工人用自己实际的行动保卫了这座城市。由于哈军工全院出动保护当时防汛最险要的东段江堤，后来东大坝便被哈尔滨人以哈军工的代号为名，称为103大堤。哈尔滨市标志性建筑防洪纪念塔塔身的浮雕上解放军的形象就是哈军工人的形象。文化是城市发展的内在动力，建筑是文化的外部表征。在哈尔滨独具特色的建筑群中，哈军工5栋大楼这组占地广阔的建筑群落以自身中华民族传统风格的建筑特色成为了哈尔滨建筑中最具代表性的建筑。现在这些建筑已成为哈尔滨城市保护建筑，成为了城市代表性的建筑符号。

哈尔滨市每年的“五一”“十一”庆典大会，都有阅兵和游行，武装分队全由哈军工学员组成，陆、海、空三军方队都有，这在其他城市是少有的。

哈军工作为我国第一所高等军事工程技术教育学府，开辟了教育史、高等教育等崭新的学术研究对象。哈军工的办学实践、办学理念和办学思想、成功模式，哈军工首任院长陈赓的教育思想等，这些都是教育史和高等教育领域重要的研究对象。哈军工的教育遗产，是我国教育史的重要见证，是我国教育领域具有丰富内涵和特殊价值的文化遗产，是教育史研究尤其是高等军事工程技术教育史研究的重要可考文物。

哈军工的成功办学，丰富了我国的红色文化资源。哈军工是国家在新中国成立初期极为特殊的历史条件下建设的一所肩负重要历史使命的高等学府，其创建和分建的过程，体现了哈军工人内在具有的爱国、强国的文化基因。哈军工以忠诚为核心的文化，哈军工人身上表现出的“以祖国需要为第一需要、以国防需求为第一使命、以人民满意为第一标准”的价值追求，这些都是宝贵的红色文化教育资源，可以为我们提供爱国主义教育等不同层面的精神教育，应该被不断地继承和发扬。

41号教学楼

# 128

## 如何评价哈军工的历史地位?

哈军工从1953年建院到1970年退出历史舞台，圆满地完成了党中央赋予自己的历史使命。由哈军工分建出来的高等军事技术教育院校，分布在祖国各地，并很好地继承了哈军工的优良传统，在办学实践中传扬、实践并迅速走向了成熟，发展成为知名的大学。哈军工在我国国防科技事业和高等教育事业中具有重要的历史地位。

1.党的第一代领导集体和老一辈革命家集体智慧的结晶

抗美援朝战争使刚刚诞生的新中国意识到培养高级军事技术人才的紧迫性。志愿军的武器装备水平与美军的差距十分悬殊，这种悬殊的差距在世界战争史上也极为罕见。武器装备的落后，增加了志愿军在朝鲜战场上的伤亡；技术的落后，很大程度抵消了志愿军英勇作战的优势。这些都坚定了党中央加速发展我国军事技术及现代化武器装备的决心。新中国刚刚建立，百废待兴，各方面的条件都不具备，我国也没有高等军事工程技术学校的办学经验，哈军工就在这样的背景下诞生。哈军工的成功办学，体现了以毛泽东同志为核心的第一代中央领导集体果断而有远见决策的正确性和前瞻性，是老一辈无产阶级革命家的集体智慧的结晶。

2.我国历史上第一所高水平的综合性军事科学技术大学

解放战争开始至中华人民共和国成立初期，我军已陆续建立了各种类型的技术学校，各大战略区所辖的各级军区都先后建立了教导团、军政干校等机构，各野战军也大多建立了随营学校和军大分校，各大军区还办起侦听等特种技术学校。上述各种军事教育机构的建立，虽为人民军队的建设打下了坚实的基础，但多属于中等专业学校性质，对于培养现代战争条件下的高级技术人才难以胜任。哈军工弥补了我国高等军事技术教育的空白，成为我国第一所高水平、正规化的综合性军事科学技术大学。其具体表现在：第一，创建伊始引入了当时世界先进的军事技术教育的思想和理念，汇聚了一批高水平的大师和其他优质教育资源，使哈军工站在了高起点发展的有利位置；第二，通过办学实践，哈军工摸索形成了自己独特的办学理念，取得了丰硕的办学成果，培养出一大批高科技人才，诞生了一批代表我国最高国防科技水平的科研成果，哈军工真正成为了高水平的高等军事技术院校；第三，哈军工创建伊始设置了5个系，涵盖了各主要兵种，专业设置也是按照各军兵种需要而设，是一所综合了各军兵种需要的大学。

3.我国高等教育跨越式发展、追赶国际先进水平的成功范例

哈军工创建时，我国的高等军事技术教育还是一片空白，完全没有经验可以借鉴。然而，4年时间哈军工就发展成为青年学生向往的高水平学府，办学不到7年就成为全国20所重点大学之一。在专业设置和科研成果产出上，哈军工紧跟世界军事科技前沿，设置前沿专业，诞生了一批先进的成果。这是一条跨越式发展的道路，在当时的亚洲都产生了广泛的影响。哈军工为越南培养了7批留学生，越南留学生从哈军工毕业后，回国后都走向了重要的工作岗位，还有一位留学生成长为越南国防部副部长。初建的哈军工得到了来自苏联顾问的帮助，才得以迅速发展。哈军工办学走上正轨之后，教员们开始与苏联顾问有了越来越多的互动、交流。苏联代表了当时世界先进的军事技术教育水平，苏联顾问自然是世界高水平的军事技术教师，因此，哈军工的教员在某种程度上也是世界先进水平的，哈军工培养出来的军事技术工程师也是世界一流的。哈军工的办学实践，为我国

高等教育跨越式发展、追赶世界先进水平提供了一个成功的范例。

4. 我军尖端科技人才培养的摇篮

哈军工为我国高等军事工程教育事业做出了重大贡献，为中国高等军事技术教育体系的形成起到了奠基性的作用，对我国高等军事技术教育的格局产生了深远影响。哈军工1959年修订教学计划之后，培养目标由培养维护与修理的军事技术干部改为培养研究与设计的军事技术干部，较初成立时在人才培养的层次上，提高了一个台阶。此后，哈军工启动了“尖端集中，常规分散”的分建工作，支援了一批军兵种工程学院的新建工作，培养维护、修理、使用工程师的任务就落在这些新建的军兵种工程学院的身上。加之之前就已存在的用于培养一般技术干部的中级技术院校，我军培养技术干部的体制就形成了三级，哈军工成为了我军尖端科技人才培养的摇篮。我军培养技术干部的三级体制也奠定了我国高等军事技术教育的三级格局，对我国高等军事技术教育产生了深远的影响。

51号教学楼

# 129

## 党中央领导对哈军工是怎样评价的?

哈军工丰厚的精神和物质遗产是她留给我们的宝贵精神财富。人们不断地通过影视作品、图书、展览、成立研究中心等方式去纪念、研究哈军工的办学历史。哈军工在国家领导人的心中也极具分量，党中央领导对哈军工的评价，是对哈军工权威而客观的评价。

1.邓小平同志关注哈军工后裔国防科学技术大学建设

哈军工退出历史舞台前，已退出部队序列。作为哈军工主体的长沙工学院（哈军工分建出的六所大学之一，国防科技大学的前身）一边在新校址办学，一边着手恢复部队序列的问题。1977年春天，学院以党委的名义，向主持中央军委工作的领导送上报告，请求中央军委指示有关部门，在1975年国防科委组建国防科学技术大学方案的基础上，研究恢复哈军工或成立国防科学技术大学的问题。同年5月，学院领导就此事拜访邓小平同志，想法得到了领导的支持。这份题为《关于组建中国人民解放军国防科学技术大学的意见》的报告送到了邓小平同志的办公室。邓小平同志在报告上批示："同意，由张爱萍同志负责落实。"1978年6月6日，中央文件〔国发〕110号文件下达，文件中说："国务院、中央军委决定将长沙工学院改建为中国人民解放军国防科学技术大学，列入解放军序列，归国防科委建制领导，即日起启用新番号。10月1日起，改变建制领导关系。"

文件指出："国防科学技术大学的任务是为国防尖端技术培养高质量、高水平的研究、设计、生产、试验、使用的人才；同时担负战略武器试验、部队各级指挥干部的轮训和在职技术干部的进修任务，其专业根据需要设置。"文件最后说："中国人民解放军国防科学技术大学的成立，对促进国防尖端科学技术的发展和我军现代化建设都具有重大意义。希望国防科学技术大学的全体指战员和教职员工，高举毛主席的伟大旗帜，发扬我军光荣传统，为发展国防尖端科学技术事业做出贡献。"

2. 江泽民同志题词肯定哈军工人才培养工作

20世纪90年代，江泽民同志视察哈军工后裔国防科学技术大学时写下"哈军工桃李满天下"。这句题词高度肯定了哈军工的人才培养工作。视察中，他在给国防科学技术大学师生的讲话中提及电子工业部的技术人员有很多是哈军工毕业的，而且都身居要职。

3. 习近平总书记指出哈军工传统值得发扬光大

2013年11月，习近平总书记视察国防科技大学，对陈赓的办学思想、哈军工及以哈军工为基础分建出来的军地院校，给予了高度评价。习近平总书记指出，作为新中国第一所高等军事工程学院，哈军工传承着老一辈革命家的殷切希望，哈军工在艰难困苦中奋起，在艰苦探索中前进，为我国培养了高级军事技术人才，发展先进武器装备，发挥了开创性的作用。后来以哈军工为基础分建出军地多所高校，但形散而神不散。哈军工的种子在长沙、哈尔滨、北京、南京等地，落地生根，开花结果。哈军工是我国国防科技和高等教育史上的一座丰碑。哈军工的传统值得发扬光大。

2023年9月7日，习近平总书记来到哈尔滨工程大学，了解学校发展历程和为我国国防科技事业做出的贡献，察看教学科研成果展示。习近平总书记指出，哈尔滨工程大学要发扬"哈军工"优良传统，紧贴强国强军需要，抓好教育、科技、人才工作，为建设教育强国、科技强国、人才强国再立新功。年轻一代成为奋力拼搏、振兴中华的一代，实现第二个百年奋斗目标就充满希望。青年学子要树牢科技报国志，刻苦学习钻研，勇攀科学高峰，在推进强国建设、民族复兴伟业中绽放青春光彩。

哈尔滨工程大学正门

# 130

## 哈军工纪念馆是何时筹建、开馆的，地点在哪？

为响应黑龙江省政协委员冯洪滨先生“哈尔滨应打‘哈军工’这张名片，并建议在哈军工原址修建哈军工博物馆，作为爱国主义教育基地”的提案，2011年5月13日哈尔滨工程大学成立哈军工纪念馆建设筹备工作领导小组，下设领导小组办公室，哈军工纪念馆筹建工作正式启动。学校聘请邓三瑞、黄绍、李慧芬、尚法尊、高学敏、滕叙兖、吴新明等人为纪念馆筹建顾问。展馆筹建历经2年4个月，于2013年9月1日正式开馆。哈军工纪念馆位于哈尔滨工程大学世昌路5号，哈军工历史建筑——导弹工程系六食堂旧址。

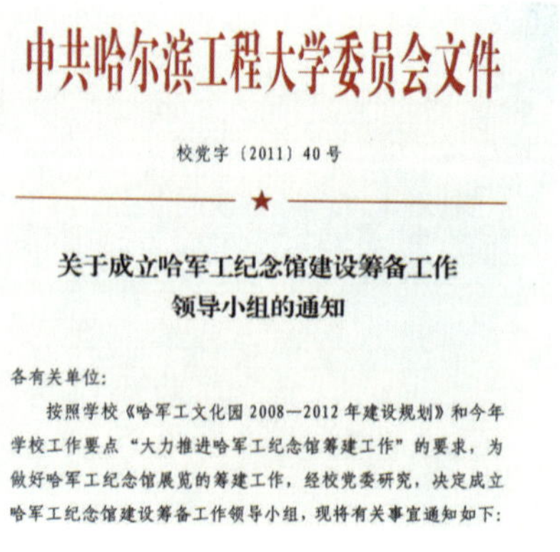
中共哈尔滨工程大学委员会文件

校党字〔2011〕40号

★

关于成立哈军工纪念馆建设筹备工作
领导小组的通知

各有关单位：

按照学校《哈军工文化园2008—2012年建设规划》和今年学校工作要点“大力推进哈军工纪念馆筹建工作”的要求，为做好哈军工纪念馆展览的筹建工作，经校党委研究，决定成立哈军工纪念馆建设筹备工作领导小组，现将有关事宜通知如下：

筹备工作领导小组文件

# 131

## 哈军工纪念馆展厅面积多大，如何布局分区？

哈军工纪念馆建筑面积1 050平方米，展陈面积800余平方米。馆内设有序厅、历史陈列展厅、历史建筑还原展厅、人才成果展厅、科研成果展厅、纪念与传扬展厅6个常设展厅。截至2023年9月21日，馆藏实物21 134件，国家文物539件，其中国家一级文物5件，国家二级文物27件，国家三级文物136件。

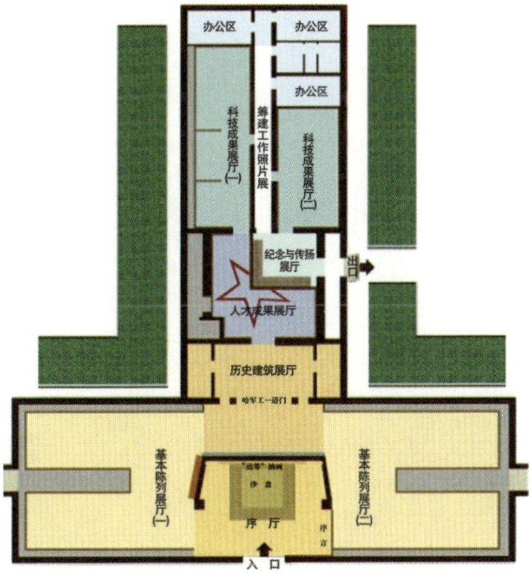


哈军工纪念馆平面图

哈军工纪念馆序厅上方的三颗红色五星，象征着从哈军工走出的三类杰出人才，即将星、政星和科技之星。历史陈列展厅采用编年体的方式，展示了从1952年哈军工筹建到1970年哈军工再次分建的历史过程。历史建筑展厅展示的文庙，曾经是哈军工图书馆，与军工大院里的五栋大楼一起见证了哈军工学员为国防现代化建设而忘我读书的青春岁月。人才成果展厅展示了哈军工培养政界、军事和科技人才的成果。科技成果展厅展示了哈军工在科技领域的累累硕果。

哈军工纪念馆以哈军工历史为基础，以重点人物、重大事件、重要成果为线索，以弘扬哈军工文化为题材，以史料、实物的基本陈列和主题展览为主要形式，展示哈军工筹建、发展、改建的历史，揭示哈军工作为新中国第一所综合性高等军事科学技术学府为我国国防科技事业做出的卓越贡献和对我国高等军事技术教育格局产生的深远影响。

# 132

## 哈军工纪念馆馆舍门前的《受命》群雕何时落成，是由哪位雕塑家雕刻的？

《受命》群雕落成于2009年7月，由著名雕塑家、清华大学教授李象群创作完成。群雕基座东西宽3.5米、南北长10米，群雕摆放成扇面形状、坐东向西，底座高1.5米。铜像群雕包括毛泽东、周恩来、朱德、彭德怀、陈赓5座铜像。

《受命》群雕再现了1952年6月23日下午，中南海怀仁堂里的小会议室陈赓大将受命创建哈军工的历史场景。当毛泽东同志握着陈赓的手将筹建我国第一所综合性高等军事技术学府即中国人民解放军军事工程学院的重任交给他时，陈赓声音洪亮地说："请主席放心，请总理、总司令、副总司令放心，我一定完成任务！"

哈军工纪念馆馆舍门前的群雕《受命》

# 133

## 哈军工纪念馆正厅的油画《运筹》策划创作过程如何？

哈军工纪念馆正厅的油画《运筹》长6.8米、宽2米，由我国著名军旅油画家、哈军工子弟李明峰绘制而成，再现的是1952年9月5日在中南海居仁堂，周恩来同志主持召开筹建哈军工的政务院与军委联席会议时的场景。创作油画时，李明峰依据历史档案，找寻历史照片进行场景还原。对于画中人物形象、动作、表情的选择上精心思考，用最接近那个时代的人物照片作为参考。

除《运筹》外，哈军工纪念馆里的油画《经典问答》也是李明峰所创作，当时钱学森和陈赓会面的场景同样没有留下影像资料，在创作过程中，为贴合哈军工纪念馆主题，李明峰将大和旅馆顿河餐厅的背景改为了哈军工的教学大楼内。

哈军工纪念馆序厅

# 134

## 哈军工纪念馆中的三大景观是什么，有何寓意？

哈军工纪念馆中的三大景观是指“甘为人梯”“漫步云端”“聚沙成塔”三个主题景观，均为纪念馆筹建工作负责人王春晖所创意，尤其“甘为人梯”“聚沙成塔”两处景观，更是参与到具体设计中。

“甘为人梯”景观位于序厅左侧，由新中国第一批高等军事工程技术教材组成，象征哈军工教员为学员的成长甘为人梯。“甘为人梯”的

哈军工纪念馆景观：甘为人梯

创作灵感来自杨士莪院士的书房。在他的书房里，各类书籍将三面墙的书架从墙根到房顶摆放得满满当当，书房里常年摆放梯子以便于查找书籍。哈军工纪念馆筹建时，筹建工作人员王春晖、叶晓丽前往杨士莪家拜访，看到年迈的杨士莪院士爬梯找书的场景，深受触动，创意萌生。

“漫步云端”通过多媒体设备展示在一年多时间里就建设起来的学院五栋大楼在四季中的变化及哈军工历史沿革图。

“聚沙成塔”还原了当时哈军工的最高点——水塔，里面汇聚了从祖国四面八方而来的饱含哈军工校友感情的土壤。

哈军工纪念馆景观：聚沙成塔

# 135

## 哈军工纪念馆开馆至今所获荣誉有哪些?

自开馆以来，哈军工纪念馆以培育和践行社会主义核心价值观为根本，发扬哈军工优良传统，传承哈军工红色基因，积极打造“红色与特色”相融合的爱国主义教育平台。纪念馆免费对外开放，年开放时间近300天，年接待社会各界人士10余万人次。

在庆祝中国共产党成立 100 周年之际，中共中央宣传部新命名111个全国爱国主义教育示范基地，哈尔滨工程大学哈军工纪念馆榜上有名。在讲好哈军工红色故事，传承哈军工红色基因，传播哈军工红色精神和文化这条路上，哈尔滨工程大学一步一个脚印：2013年被国防科技工业军工文化建设协调小组授予国防科技工业军工文化教育基地称号；2014年被中共黑龙江省委、黑龙江省人民政府授予黑龙江省爱国主义教育基地称号；2015年被国家国防教育办公室授予国家国防教育示范基地称号；2016年被国家发展改革委、中共中央宣传部等十部门联合列入全国红色旅游经典景区名录；2017年被教育部授予全国中小学生研学实践教育基地称号。现在的哈军工大院已经成为一代国防科技工作者在强国安邦征途中的红色记忆，成为对青年学生进行爱国主义教育和革命传统教育的重要基地。

哈尔滨工程大学发扬哈军工优良传统，传承哈军工红色基因，积极打造红色文化育人平台，遵循“溯源—赓续—物化”的哈军工文化传承逻辑，践行“用纪念传承文化、借创新支撑研究、以开放服务育人”的哈军工文化传承模式，充分发挥好哈军工红色文化的育人作用。

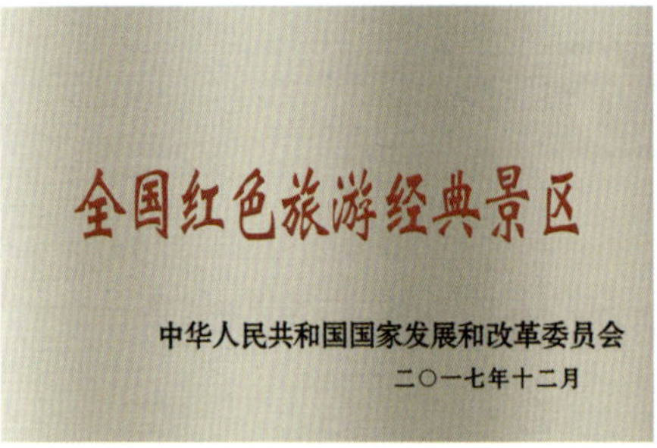


全国红色旅游经典景区

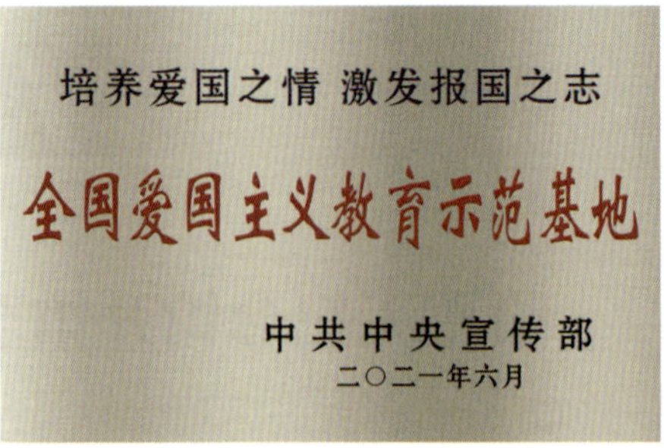


全国爱国主义教育示范基地

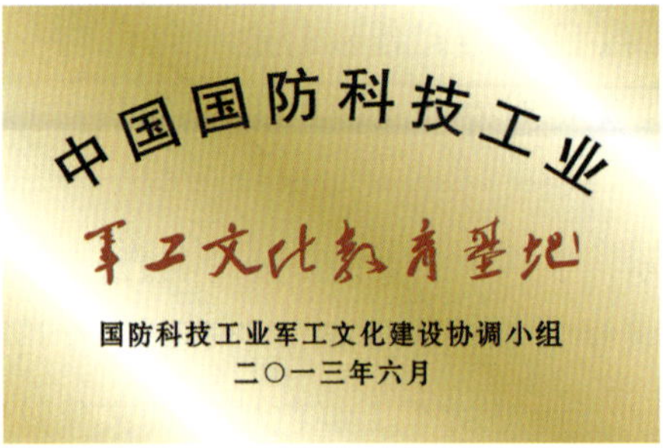


中国国防科技工业军工文化教育基地

全国中小学生研学实践教育基地

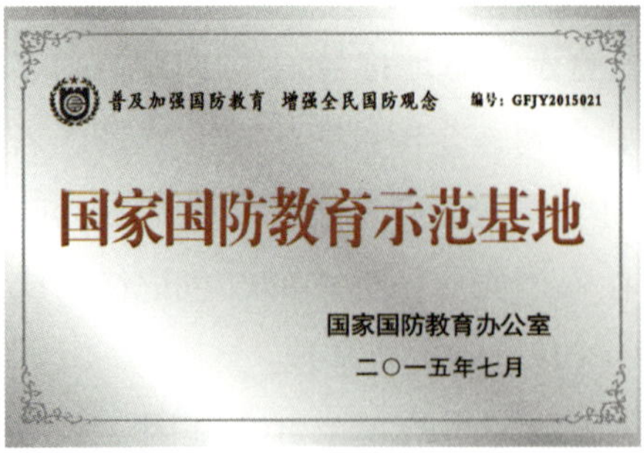


国家国防教育示范基地

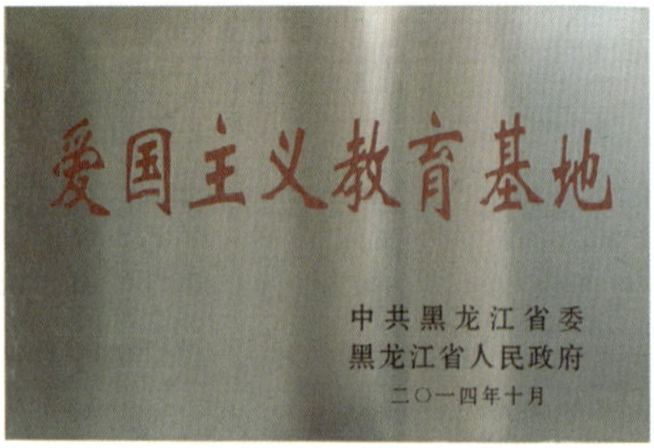


黑龙江省爱国主义教育基地

# 136

## “军工七校”凝练的哈军工精神的内涵是什么?

2023年，正值哈军工建校70周年之际，5月11日至12日，哈军工分建高校国防科技大学举办“哈军工”精神和办学思想研讨会。国防科技大学、哈尔滨工程大学、西北工业大学、南京理工大学、陆军装甲兵学院、陆军工程大学、陆军防化学院和中国航空工业空气动力研究院代表，哈军工首任院长兼政委陈赓大将亲属代表，老校友、老领导和“哈军工”校友会代表应邀参会。研讨会深入学习贯彻习近平总书记关于教育、科技、人才的重要论述，共同回顾哈军工创建70年来为党、国家和军队育人才、出成果、做贡献的辉煌历程，共同研讨哈军工精神和办学思想，鼓舞和激励新时代哈军工传人不忘初心、牢记使命，携手支撑新时代强国强军伟业。会上，中国工程院院士、原国防科技大学校长郭桂蓉作专题报告，回顾哈军工那段激情燃烧的岁月，对新时代哈军工传人提出殷切希望。哈军工原子工程系学员、原国防科工委后勤部副政委罗箭围绕“把一切献给党”主题，结合自身求学和投身祖国核事业经历作了生动讲述。受邀各军工院校代表、陈赓大将亲属代表和哈军工校友会代表，从不同角度研讨哈军工精神和办学思想的内涵真谛、经验启示与时代价值。会议认为，哈军工精神集中体现在“六个始终”，那就是：始终传承绝对忠诚的红色血脉，始终坚守为军向战的价值追求，始终秉持敢为人先的创新特质，始终弘扬严谨求实的治学传统，始终保持攻坚克难的奋进姿态，始终拓展自信开放的世界眼光。会议强调，要让哈军工精神在新时代绽放光芒，牢牢把握正确政治方向，始终瞄准世界一流目标，坚持自立自强、奋发图强，着力打造大学精神高地，不断凝聚为军向战、奋进一流的磅礴力量。

“哈军工”精神和办学思想研讨会